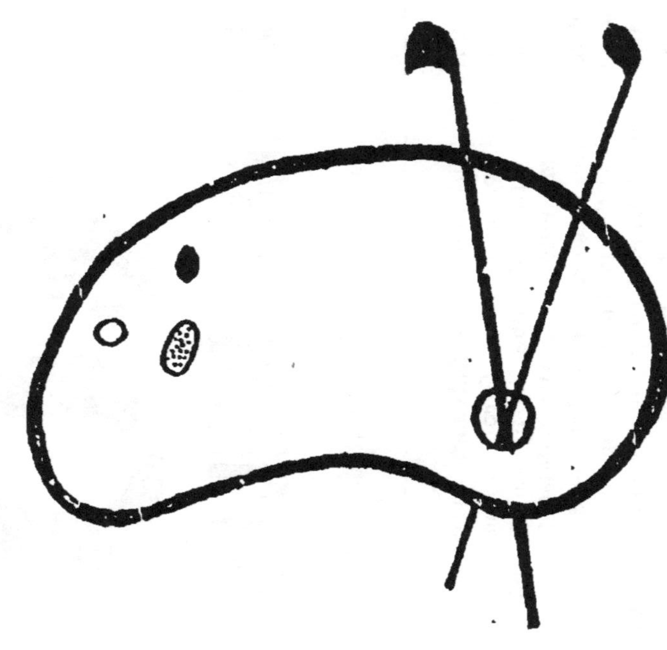

DEBUT D'UNE SERIE DE DOCUMENTS
EN COULEUR

Dr CHASSAGNE

Élections Législatives 1893

LES 40 MORTELS DU BOULANGISME

« César ! Morituri te salutant ! »

Aisne, MM. Castelin, Dumonteil. — **Calvados**, Engerand. — **Charente**, Deroulède. — **Corrèze**, Borie. — **Gironde**, Aimel, Chiché, Jourde, R. Mitchell. — **Ille-et-Vilaine**, Le Hérissé. — **Indre-et-Loire**, Delahaye. — **Meurthe-et-Moselle**, Gabriel, Barrès. — **Nièvre**, Jaluzot, Laporte, Turigny. — **Nord**, Lalou. — **Seine-Paris**, Naquet, Mermeix, M. Martin, Paulin-Méry, Laguerre, Farcy, Le Senne, E. Roche, Laisant, Saint-Martin, Martineau, Granger. — **Paris-Banlieue**, Revest, Goussot, Laur, Boudeau, de Belleval, Richard. — **Seine-et-Oise**, Argeliès, Gauthier de Clagny. — **Deux-Sèvres**, Pontois. — **Somme**, Millevoye. — **Haute-Vienne**, Le Veillé.

Prix : 1 Franc

PARIS
E. DENTU, ÉDITEUR
3, PLACE DE VALOIS, PALAIS-ROYAL
1893

EN VENTE A LA MÊME LIBRAIRIE

PARIS. — TYP. NOIZETTE

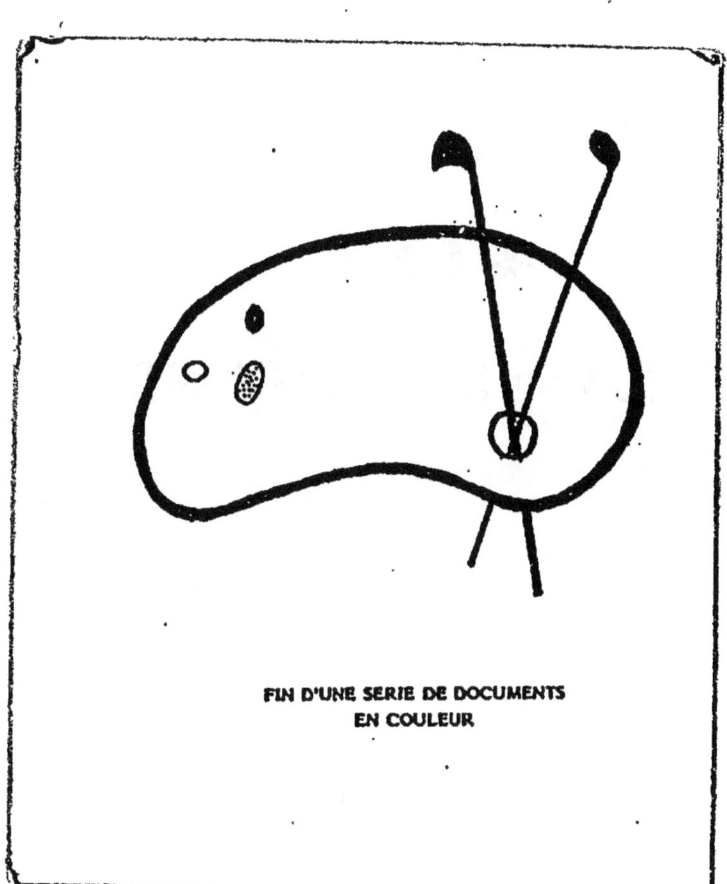

FIN D'UNE SERIE DE DOCUMENTS
EN COULEUR

LES
40
MORTELS DU BOULANGISME

DU MÊME AUTEUR :

Histoire synoptique du Coup d'Etat en France. La recette uniforme. 13 Brumaire. 2 Décembre. 16 Mai 1877. Le général Boulanger. 1 fr. Paris, Dentu, 1888, 4e édition.

Dix-neuf ans de République. 1 fr. Paris, Dentu, 1889.

Neuf ans de Sénatoriat du tiers renouvelable du Sénat. 1882-1891, 1 fr. Paris, Dentu, 1890.

Dix-neuf ans du Conseil Municipal élu de la Ville de Paris. (1871-1890) 1 fr. Paris, Dentu, 1890.

Trois ans de plus du Conseil Municipal élu de la Ville de Paris 1890-1893. 1 fr. Paris, Dentu, 1893.

Les deux forment une *Histoire complète* de l'Œuvre grandiose *du Conseil Municipal Républicain de Paris.*

Les grandes Elections de 1893. *Législatives*, septembre 1893; *du quart renouvelable du Sénat*, janvier 1894; *du Président de la République*, 1894, Paris, Dentu, 1 fr. 1893. — (VIENT DE PARAITRE).

Dr CHASSAGNE

Élections Législatives 1893

LES

MORTELS DU BOULANGISME

« César ! Moriturі te salutant ! »

Aisne, MM. Castelin, Dumonteil. — **Calvados**, Engerand. — **Charente**, Deroulède. — **Corrèze**, Borie. — **Gironde**, Aimel, Chiché, Jourde, R. Mitchell. — **Ille-et-Vilaine**, Le Hérissé. — **Indre-et-Loire**, Delahaye. — **Meurthe-et-Moselle**, Gabriel, Barrès. — **Nièvre**, Jaluzot, Laporte, Turigny. — **Nord**, Lalou. — **Seine-Paris**, Naquet, Mermeix, M. Martin, Paulin-Méry, Laguerre, Farcy, Le Senne, E. Roche, Laisant, Saint-Martin, Martineau, Granger. — **Paris-Banlieue**, Revest, Goussot, Laur, Boudeau, de Belleval, Richard. — **Seine-et-Oise**, Argeliès, Gauthier de Clagny. — **Deux-Sèvres**, Pontois. — **Somme**, Millevoye. — **Haute-Vienne**, Le Veillé.

Prix : 1 Franc

PARIS

E. DENTU, ÉDITEUR

3, PLACE DE VALOIS, PALAIS-ROYAL

1893

AU SUFFRAGE UNIVERSEL

Plus d'Équivoque!

Des **40**, chiffre qui tient également des 40 de l'Académie et de ceux des *Mille et une Nuits*, — *vingt-trois* ont été élus au 2e tour par la Concentration *des honnêtes gens*.

Grâce à l'ÉQUIVOQUE, à des promesses et des programmes substitués aux faits, — à la prostitution des mots.

L'Équivoque tue les Républiques; c'est ainsi qu'on vit 1848 étouffé par les bénisseurs d'arbres de liberté, et, en 1804, frapper monnaie avec *République française. Napoléon Ier*, *empereur*.

Nous adjurons le grand SUFFRAGE UNIVERSEL qui, chaque jour s'éduque et s'affine, de s'inspirer de la *leçon de* 1889, de ces 40 *investis* demandant « un gouvernement républicain qui s'élargisse jusqu'à contenir les honnêtes gens de *tous* les partis (p. 28) dans lequel chacun de nous, progressiste ou *conservateur* ait le droit de travailler au triomphe de ses idées(!) » (p. 18) se disant *socialiste*, *boulangiste*, même *anti-césarien*, épuisant les adjectifs, *faisant la place* électorale, visitant sans dignité, sollicitant des deux mains, *droite* et *gauche*, faisant de leur programme un filet pour, comme l'avouait un de leurs soutiens, « piger des votes ».

En réalité, soucieux du seul succès, — même d'aventure, de la place, peut-être de l'indemnité.

Méritant, au milieu de leurs fausses épithètes en *iste*, l'épithète vraie qu'a donné à quelques-uns le bon sens gaulois: *N'importequiste*, *Candidatiste*.

Il faut que ces 40 *investis* soient remplacés par des hommes, — des *caractères*, — ayant un passé, des preuves, des actes, des *états de services*, en foi d'un programme dont, sans cela, les promesses n'auraient qu'un mérite de Table des Matières facile.

Dans cette étude *d'honnêtes gens*, dont nous ne sommes pas, nous n'avons emprunté honnêtement les faits qu'à des documents publics et officiels avec source indiquée pour exact contrôle.

Dangereusement pour les 40 *investis*, leurs plus mortels ennemis seront ceux qu'ils ont trompés, comme le furent de Bazaine les soldats qu'il livra à Metz en leur disant la France en proie à l'anarchie et à la guerre civile, quand, au contraire, elle se levait frémissante sous Gambetta pour la Défense nationale.

Pas un ne doit revenir, leur échec est certain. On le dit partout :

« Les investis seront — *investés*. »

AISNE

2e circonscription de Laon.

Des 40 Boulangistes, la plupart que personne ne connait et n'a vu, *importés*, descendaient, — sans excédent de bagages — dans la ville à *faire*. Il en fut ainsi pour l'Aisne longtemps à l'avant-garde républicaine.

M. CASTELIN (CANDIDAT D'IMPORTATION).

« Dans 23 jours le pays se prononcera entre « les démocrates revisionnistes du parti répu- « blicain national et ceux qui sous le masque ré- « publicain, vivent du peuple depuis tant d'années. « Désigné par le général Boulanger, *mon illustre* « *ami*, pour ce poste de combat, je me soumets « sans crainte à votre verdict. Deux partis sont en « présence : d'un côté, les parlementaires avec 32 mil- « liards de dettes, un régime dont l'étiquette seule est « républicaine et dont les *actes sont ceux de la mo-* « *narchie la plus autoritaire ;* de l'autre, un parti qui « défend tous les droits, toutes les libertés de 89. « Entre ceux qui ont sacrifié le général Boulanger « et la Ligue des Patriotes à *Bismarck*, etc... »

(Barodet. *Programmes et engagements électoraux*, Paris, imprimerie de la Chambre, 1890.)

Elu au 1er tour par la concentration connue des *honnêtes gens,* M. Castelin a proposé beaucoup de lois : sur les conditions de séjour et de résidence des étrangers en France, sujet qu'il reprend le 22 mai 93 pour voir repousser cette vieille question, réminiscence de mainte législature.

Voici qui est moins *imité* : projet sur les obligations des députés en temps de guerre (7 juin 90) ; nomination d'une commission de 23 membres pour enquête sur les causes et l'étendue de la crise sucrière, protection de la culture des betteraves et des salaires des ouvriers employés à la fabrication. C'est fort bien, mais quand arrive la 1re délibération de cette 8e ou 9e loi sur les sucres, M. Castelin, qui n'est pas sucrier *d'origine*, se tait. (1er au 5 mars 1891).

Sa dernière proposition de crédit pour les agriculteurs par mobilisation d'une partie de l'actif agricole frappé par le privilège du propriétaire foncier, est renvoyée à la Commission du Crédit agricole.

Comme discussion, M. Castelin n'intervient que peu dans l'interdiction aux nouvelles accouchées, pendant un certain temps, du travail industriel; il propose d'ajouter et *agricole*; enfin dans sa demande d'urgence sur la suppression des peines corporelles dans l'armée de mer, 30 mai 91. *M. le Ministre de la marine* : « Je m'oppose à l'urgence; si M. Castelin, « en soulevant cet incident, a voulu donner un « regain de popularité à son parti qui l'a perdue « depuis longtemps il s'est trompé. (*Très bien et « applaudissements.*) Mon premier souci est de con- « server dans notre flotte l'esprit de discipline. » L'urgence est repoussée par 381 voix contre 102.

En 1892, le député boulangiste, qui n'a que 2 interpellations et une question à son actif, ce qui est peu, a été l'objet d'une demande en autorisation de poursuites sous l'inculpation d'escroqueries remontant au 15 décembre 91 ; elle a été refusée par le régime « dont les actes sont ceux de la monarchie la plus autoritaire ».

M. DUMONTEIL

2ᵉ importé avec le viatique, la lettre et le paquet d'affiches du général investiteur. Sa profession de foi est en questionnaire :

« *Trouvez-vous* que tout est pour le mieux dans la meilleure des Républiques. Trouvez-vous qu'il n'y a rien à changer, s'il en est ainsi, votez pour le candidat du gouvernement. *Jugez-vous* au contraire le moment venu des *réformes,* votez pour le candidat du Comité républicain national. Mon programme est *bref et net :* chasser les parlementaires et les voleurs, casser les décisions d'une juridiction grotesque, remettre le pouvoir entre les mains *d'honnêtes gens* et revenir devant vous pour discuter le programme d'une Constitution. Vous êtes certains d'avance de ne pas avoir un plus mauvais gouvernement. La chose est impossible.

Vive Boulanger ! »

Qu'a fait en quatre ans ce réformateur bref et net ?

Rien en 90. En février 1891 il dépose une proposition de loi sur la taxe des frais de justice, un peu imitée de M. Brisson, et prend part à la première délibération sur la loi Labussière.

Le 19 mars 1892, il propose de modifier l'article 29 du règlement de la Chambre pour activer le travail des Commissions d'initiative, enfin, le 16 juin, il demande une modification de l'article 330 du Code d'instruction criminelle.

Et c'est tout.

Trouvez-vous que M. Dumonteil ait été pour le mieux... ?

Jugez-vous au contraire...

CALVADOS

1re de Caen

M. ENGERAND (NON IMPORTÉ).

« Partisan déclaré de la souveraineté du peuple, depuis 1875 j'ai combattu sous le drapeau de l'Appel au peuple ; les témoignages de haute bienveillance que j'ai reçus à cette occasion resteront l'orgueil de toute ma vie. En offrant la candidature au général Boulanger, 1.537 électeurs ont fait appel à mon dévouement pour le cas où celui qu'ils voulaient acclamer de leurs votes serait mis dans l'impossibilité d'accepter. Cette éventualité s'est réalisée, le Sénat, exécuteur des basses œuvres ministérielles, n'a pas hésité à le condamner. Puisque vous ne pouvez voter pour le général je vous demande de voter pour le *soldat.* » (Barodet p. 141.)

Par ironie des choses ce *soldat* revisionniste a été rapporteur d'un projet de revision de lois constitutionnelles déposé par M. de Gasté, et il s'est prononcé *contre* (28 juillet 1890). Il est vrai que M. de Gasté demandait des sièges législatifs pour des dames *députées.*

La spécialité de M. Engerand paraît avoir été de mettre les ministres à la question. Première question sur la nomination du général Brugère au grade de général de division.

2e, 3e et 4e questions sur l'attitude de certains magistrats dans les affaires où ils ont eu à statuer, sur les mesures à prendre pour assurer la sincérité des actes préliminaires d'instruction reçus par les commissaires de police, sur la situation faite aux plaideurs ayant obtenu l'assistance judiciaire.

En dehors de ces interrogatoires il a proposé des lois : 1° pour déférer aux cours d'assises les coups et blessures portés par les pères, mères ou ascendants sur leurs enfants légitimes, naturels ou adoptifs. Cette suspicion des pères de famille est repoussée par la Chambre. *M. J. Gaillard:* « C'est une erreur matérielle et morale de croire les juges correctionnels disposés à la clémence pour les bourreaux d'enfants » (17 décembre 1891). 2° Sur le jugement à bref délai des affaires d'assistance judiciaire présentant un caractère d'urgence et leur mise en tête du rôle (7 juillet 92) ,ce qui semble un peu imité d'une circulaire de M. Ricard qui l'avait déjà prescrit pour Paris.

Il y a en plus une proposition sur les adjudications administratives, sur les condamnations pour délits de chasse, pêche, roulage à ne pas porter au casier judiciaire (19 octobre 92), enfin une dernière pièce sur : « la chasse à l'alouette au moyen de filets en tous temps. »

Il semble que ces projets: l'un, de suspicion des pères de famille, l'autre *imité*, les plus récents quelque peu d'intérêt local électoral, n'ont pas l'envergure attendue de ce soldat — du Général.

Feu **DÉROULÈDE** LE CAPITAINE DE MILLEVOYE

Un des **40** politiquement mort. Nous le voyons encore, avec sa classique longue redingote, dans la séance où avec de longs bras, échauffé, éloquent, il chercha à jeter les Présidents de sections de la Ligue des Patriotes dans les bras de Boulanger. Mis en minorité il se glaça subitement et nous invita *majorité :* Péan, Deloncle, Gerschel, Pagès, etc., à sortir de chez lui. On eut la sensation d'un emballement — joué.

Nous espérons qu'à la Chambre il y a eu plus de ce tempérament de fougue, seule excuse des grandes scènes du 20 janvier 90 et 13 mars 93, etc. Dans cette dernière, *M. le Président* : « Je vous ai déjà rappelé à l'ordre avec inscription au procès-verbal. — Je le sais, voulez-vous 750 fr.? — *A gauche.* — La censure! — Je la demande, la censure. »

Alors le lieutenant Millevoye, qui joint à une longue redingote les longs cheveux, s'écrie : « Les fonds du Panama sont donc épuisés pour qu'on soit obligé de recourir à la censure. »

Le lendemain 14, à propos du procès-verbal, M. Déroulède atténue étrangement son cas : « J'ai dit que le gouvernement était un gouvernement de menteurs. »

On comprend que cet incorrigible soit le plus puni de la promotion.

En dehors de 7 interpellations, 3 questions et nombre de séances perdues, tout le monde sait sa théorie de nomination du Président de la République par le suffrage universel, la pure théorie de 1851, et sa proposition d'un conseil d'enquête facultatif pour les officiers à laquelle le colonel de Plazanet, pourtant de la Droite, répondit : « La Commission de l'armée a décidé à l'unanimité que la « proposition devait être repoussée. Sans discipline « il n'y a pas d'armée. » (Annexe 1563.)

Un poète qui s'est trompé de Palais-Bourbon où l'on est mortel à Palais-Mazarin où l'on est immortel.

CORRÈZE

M. BORIE

« Douze ans de régime opportuniste ont conduit

la France à la ruine morale et financière ; chaque année nous nous endettons de 5 à 600 millions, parce que l'Etat est incapable de rembourser immédiatement, comme cela devrait être, les 2,800 millions des fonds des Caisses d'épargne, parce qu'on vous cache la nécessité *absolue* d'un emprunt de 2 milliards *pour l'année prochaine.* Un général dont on vient de briser lâchement l'épée, et qui a régénéré l'armée, a pris en mains le programme des réformes; il a dit : « Je suis partisan de *la liberté religieuse, la plus large possible* d'une république ouverte à tous. Je me suis immédiatement rallié à ce programme du général Boulanger, parce que je crois que c'est en lui que réside le salut de la France et l'avènement d'une république d'économies, de réformes et de concorde. Vive la République nationale! »

A cela, le *Corrézien* réactionnaire du 8 septembre 1889 ajoute : « Voilà pourquoi nous, journalistes indépendants, nous ajoutons le nom d'un républicain boulangiste, Léon Borie, candidat républicain national, à ceux des conservateurs. »

Gêné par ce passé d'alliage, M. Borie prend part avec réserve à la discussion du timbre et des récépissés de petite vitesse (1er mars 90); à la modification du régime fiscal en matière de successions et donations entre vifs où il se prononce contre la non-distraction du passif héréditaire, et, le 22 mars, dépose un contre-projet. Cette intervention, bien que prudente, lui vaut une réplique du député républicain de la Corrèze, M. Delpeuch : « Vous n'avez pas le droit de parler ainsi; on sait votre façon de faire de la République, cette façon s'appelle le boulangisme ; fonctionnaire sous l'Empire, vous avez voulu le redevenir, sous une dictature. Boulanger vous eût réintégré. » (*J. Off.*, 13 mars 91, p. 703.)

Rappelé au mutisme, M. Borie n'intervient plus

que par un amendement sur les viandes de porc salées et 2 propositions : suspension de la perception des droits sur les céréales, et établissement de droits sur les titres de rente, emprunts et autres effets publics des gouvernements étrangers. Dans ce dernier projet le Ministre des Finances, demi dédaigneux, ne voit « qu'une complication inutile non justifiée par les faits ». (17 octobre 91, p. 1679.)

C'est que ce M. Borie qui, dans le clérical *Corrézien* du 26 novembre 89, remerciait ainsi ses électeurs : « Un ministère déshonoré, un préfet sans pudeur, sans scrupules, des conseillers généraux et des maires, vos élus, vendant vos voix pour des faveurs personnelles, les *instituteurs* formés en bandes *d'aboyeurs*, rien n'a pu vous arrêter, »

Etait le même Borie qui en 1885 signait le programme suivant : « La séparation des Eglises et de l'Etat, la sécularisation aussi rapide que possible de tous les services publics, le retour à la Nation des biens de mainmorte indûment retenus par les congrégations ». (Barodet de 1886, p. 127.)

GIRONDE

Candidats du cru.

Bordeaux a élu MM. Aimel, Chiché et Jourde « les trois » à ce 2ᵉ tour de concentration des *honnêtes gens* à redouter encore pour les ballottages de 1893; le *Nouvelliste* monarchiste de Bordeaux détaille la manière de s'en servir, 20 septembre 89 : « Le moment est donc venu pour les royalistes de se rappeler la dernière instruction de M. le comte de Paris : « Ne traitons pas en ennemis ceux qui « ont les mêmes adversaires que nous. » En résumé nous engageons nos amis à voter pour MM. Chiché, Aimel et Jourde. En votant ainsi ils feront œuvre de bons citoyens et de bons Français. »

M. AIMEL

Qui nous cache la partie la plus séduisante de son nom a été « le plus muet des trois ». Son programme promettait beaucoup : « Ce que je veux c'est la fin d'un régime qui n'a de républicain que le nom; la loi sur les associations attend depuis 10 ans, celle sur les employés de chemins de fer depuis 1882; les lois sur les livrets d'ouvriers, les prud'hommes commerciaux, le travail des femmes dans les manufactures, la responsabilité patronale en matière d'accidents, etc. Le Sénat garde tout, ce Sénat qui a autorisé le 16 mai. »

A la rigueur on pourrait soutenir que le Sénat de 1889 a une ressemblance éloignée avec celui de 1877. Mais enfin toutes les lois ci-dessus ont été portées à la tribune devant M. Aimel. Et il s'est tu — 4 ans.

Initiative parlementaire nulle.

Questions, interpellations, propositions *pas*. Discours *pas*.

Il est amusant de constater qu'en son charmant pays de verve gasconne endiablée, M. Aimel écrivait d'un député sortant républicain M. Monis : « Ces tonitruants, c'est étonnant comme ils s'aphonisent là-bas. »

M. CHICHÉ

Pas aphone — au contraire.

Comme fort en discours, interpellations et propositions en tous genres, il ne le cède qu'à M. Laur. Et encore Laur!... Voici sa circulaire d'investiture :

Londres, 30 juin, Portland place. W. 54

Cher Monsieur Chiché,

Au scrutin de ballottage vous restez le seul représentant de la revision et je demande à cette vaillante population de la Gironde, de vous choisir pour la représenter à la future Chambre des Députés *Général Boulanger.* » Son programme est sobre relativement. Il a tenu beaucoup plus : « Je veux avec vous la revision de la Constitution par une Constituante, dont l'œuvre sera soumise à la sanction populaire; je veux la suppression du Sénat composé des rebuts du suffrage universel, nous voulons fonder la République nationale avec le concours de tous les *bons citoyens.* Nous réformerons les impôts, notamment l'impôt sur les boissons (côté de Bordeaux); nous respecterons tous les droits, toutes les opinions, toutes les volontés » (côté du clergé).

On peut voir aux votes que ce respect clérical a été édifiant.

Quant à la verve parlementaire de cet antiparlementaire — elle touche à tout : suppression des fonds secrets, révocabilité du mandat de député par les électeurs (proposition Maujan), 2e délibération sur le travail des jeunes filles mineures et enfants dans l'industrie. — M. Chiché ne tolère que 6 heures de travail et s'attire du rapporteur M. Jamais : « Il est facile de surenchérir, mais il y a des nécessités d'industrie; la question a du reste été tranchée en première délibération. » L'amendement de la Maison Aimel-Chiché-Jourde, raison sociale « des trois » est repoussé par 327 voix contre 124 (*J. off.*, 3 fév. 91). Puis viennent le privilège de la Banque de France que M. Chiché convainc d'avoir peu fait son devoir en 1870 et où, sous prétexte d'ajournement, il entame le fond avec verve. *M. le Président* : « Votre demande d'ajournement n'est qu'un moyen de vous placer en tête de la liste d'inscription.» (21 juin 92)—les modifications faites par le Sénat au tarif des douanes que l'orateur veut repousser en bloc (21 décembre 91): le crédit de 12 millions pour la marine et les colonies, etc.

Son inventive en projets de lois ne le cède en rien. Il dépose beaucoup : projet complétant la loi de 1881 sur la marine marchande (8 mai 90) ; affectation du vendredi de chaque semaine aux questions ouvrières (10 mai); indemnités à accorder aux victimes des poursuites, arrestations ou condamnations arbitraires (7 juin); radiation des inscriptions sur les casiers judiciaires au bout d'un certain temps et dans certaines conditions (23 juin 90); interdiction du cumul des mandats électifs) 14 février); suppression de l'article 98 rétabli par la loi du divorce (3 mars 91); composition du jury (24 octobre 92); mais son gros œuvre, son monumental est la proposition sur la *Liberté communale* — un volume de 32 pages de l'*Officiel* sur 3 colonnes, petit texte et en 168 articles — l'urgence de ce massif est repoussée par 304 voix contre 95 (12 avril 1892).

Il appert déjà que peu de sujets sont étrangers à ce député de quantité. Il abonde surtout en *interpellations*.

Sa première date du 7 décembre 89, à peine assis — sur de récentes nominations d'hommes politiques repoussés par le suffrage universel, puis sur la situation du Tonkin, revenant chaque année par rotation, les appontements de Pauillac, la disjonction du régime des boissons; enfin celle sur de récentes nominations dans la magistrature, où M. le Garde des Sceaux, après avoir rappelé qu'en 1888, à

34 ans d'âge, M. Chiché demandait pour lui même un poste de juge de paix à Bordeaux avec de hautes apostilles, ajoute doucement : « J'ai constaté en effet qu'un très honorable sénateur, qui a fait partie de la Commission des neuf de la Haute Cour, recommandait M. Chiché. » (*Applaudissements ironiques à gauche et au centre.*)

M. Boissy d'Anglas. — « Tout le boulangisme est dans cette histoire ». (*J. Off.*, 21 janvier 90, p. 50.)

A ce solliciteur de toutes mains qui, comme les 40, ne néglige ni la surenchère ni les soins réélectoraux : (40.000 francs pour les ouvriers de la distillerie Saint-Remy, 600.000 francs pour augmenter les gratifications renouvelables; fixation d'un maximum de 8 heures de travail avec minimum de salaire pour les travaux de l'Etat, des départements et des communes; création d'ateliers régionaux directement exploités par l'Etat, pour l'équipement de l'armée et de la marine) on comprend que la Chambre ait quelquefois fait cette réponse:

M. Chiché. — Je demande l'urgence et la discussion immédiate.

Un membre à gauche. — C'est le meilleur moyen de faire repousser l'une et l'autre.

En effet, le tout est rejeté par 316 voix contre 122. (23 octobre 90.)

M. JOURDE

« Le plus heureux des trois » s'est mieux fait écouter. « L'heure est venue de fonder la *République nationale* pour entrer enfin dans la voie des réformes, voilà l'œuvre pour laquelle tous les bons Français, tous les honnêtes gens, *d'où qu'ils viennent*, ont le devoir de se liguer. La France entière acclame le général Boulanger non point comme un César, *cela fait rire* (qu'en pense M. Jourde aujourd'hui?) mais comme un bon citoyen qui a relevé le moral de la nation énervée par dix-huit ans de tripotages et de démoralisation. Honneur au général Boulanger. Vive la République nationale! » *A. Jourde.*

Comme son trio, M. Jourde a bénéficié de la lettre de Portland-place et des votes réactionnaires du *Nouvelliste*, mais il s'est fait beaucoup pardonner. Son intervention par l'Ecole du service de santé de la marine et ses trois annexes, le crédit de deux millions pour les misères de l'hiver 1891, les pensions aux victimes des explosions, les intérêts des employés des chemins de fer révoqués, témoignent, ainsi que ses discours sur la liberté du vote, l'arbitrage, enfin la loi relative aux salaires (27 juin 93), d'une sollicitude cordiale pour ceux qui, au tirage au sort de la naissance, ont tiré la pauvreté.

M. Jourde est un des quarante dont on pourrait peut-être oublier la foi naïve — la Boulangidolâtrie — si ce manque de la première qualité de l'homme politique, le *coup d'œil*, ne pouvait faire craindre une rechute d'avenir. Dans la discussion sur les Bureaux de placement (9 mai 1893), M. Yves Guyot l'a indiqué doucement : « Eh! eh! vous avez été mêlé vous-même à une de ces aventures. »

M. Jourde. — Quelle aventure? — Le Boulangisme!

M. ROBERT MITCHELL

Moins cordial avec plus d'esprit. Il a reçu aussi sa lettre de Portland-place, mais légitimement plus affectueuse :

« Mon cher Robert Mitchell,

« Vous avez été l'un des premiers et des plus utiles ouvriers de cette grande œuvre de *réconciliation nationale* à laquelle j'ai attaché mon nom; aucun de nos amis, j'en suis convaincu, ne voudra faillir à son devoir; c'est vous, c'est *vous seul* que je désigne à leurs suffrages ». (*Nouvelliste*, 8 septembre 89.)

Ce rallié de tempérament devenu boulangiste rallié, comme il est aujourd'hui républicain rallié, a soutenu avec esprit la proposition Cazenove de Pradines pour l'abrogation des lois d'exil : « Nous sommes les adversaires de toute loi d'exception, quelle qu'elle soit. »

M. J. Reinach. — Il fallait dire cela sous l'Empire.

Avec non moins d'esprit, ce rallié perpétuel à un autre drapeau a parlé sur le dédoublement de la taxe de main morte, la loi d'amnistie de M. Lafargue, les modifications à la loi sur la Presse, les pouvoirs de la Commission d'enquête, enfin sur deux sujets d'intérêt local quelque peu électoral : l'achèvement du chemin de fer de Bordeaux à Eymet et l'exemption de droit des *merrains* (en faveur de la tonnellerie locale), surenchère repoussée par 356 voix contre 182. 27 juin 91.

En fait de projets de loi, le spirituel député n'en a qu'un « sur la réglementation de la chasse des oiseaux. » (Annexe 1228.)

Nous ignorons quelle sera pour les élections de 93 sa plate-forme électorale qui a des apparences de plaque tournante.

Certes, c'est un rallié aimable qui a du trait, de la finesse, de la flexibilité, mais les électeurs républicains de la Réole voudront plus que cela.

ILLE-&-VILAINE

M. LE HÉRISSÉ

« Le Comité républicain national m'a fait le grand

honneur de me désigner comme candidat. Pour ce qui est des accusations *imbéciles* nous représentant comme des hommes visant au rétablissement de je ne sais quelle dictature au profit du général Boulanger, votre bon sens en a fait justice. Pas plus que nous, l'ancien ministre de la guerre ne vise le rétablissement du pouvoir personnel; c'est un républicain *sincère*. Vous voulez en finir avec toute cette boue ». *Le Hérissé, député sortant*. Oui, mais sortant de Fougères, car on lit dans *l'Avenir de Rennes* du 24 septembre : « M. Le Hérissé triomphe à Rennes où il s'était réfugié, pour ne pas endosser l'insuccès que les Fougerais ont offert à son ami Collet, autre candidat boulangiste. Il a largement bénéficié des voix de la réaction. »

En 1890, M. Le Hérissé s'est tu 12 mois. — En 91, il parle sur le dégrèvement des champs ensemencés en blé au printemps (prop. Méline), sur les conseils de prud'hommes, le régime des boissons (disposition additionnelle pour les débitants non entrepositaires), sur le secret du vote (5 avril 92). Son intervention d'ancien officier du 22e dragons a été souvent appréciée dans les questions militaires: organisation de l'armée coloniale ; commande de canons faite à l'étranger, gratuité de l'école polytechnique, etc.

De plus, M. Le Hérissé s'est prononcé sans ambages contre le *referendum* communal qui produirait 2 soffs : « Ce serait l'anarchie; j'en appelle aux collègues qui, comme moi, ont eu l'honneur d'être placés à la tête de l'administration d'une commune quelconque. »

M. Jolibois.— Commencez par le commencement.

Sur divers bancs. — C'est un commencement.

Mais comme d'autres, M. Le Hérissé a fait preuve au moins d'imprévision politique. « Le général Boulanger est un républicain sincère. » Or, gouverner, c'est prévoir.

INDRE-&-LOIRE

M. DELAHAYE

« Pour vous faire oublier tous les scandales, tous les abus, on vous jette un vieil os à ronger, toujours le même : le cléricalisme. Un homme nouveau, entouré d'hommes nouveaux, a fait appel au patriotisme des *honnêtes gens de tous les partis*. Ce que poursuit le général Boulanger, c'est la constitution d'un gouvernement républicain, dans lequel chacun de vous, progressiste ou *conservateur*, ait le droit de *travailler au triomphe de ses idées* (1).

« J'ai répondu à l'appel du général Boulanger. La guerre civile et la guerre étrangère, c'est Jules Ferry ; l'ordre et la paix, c'est le général Boulanger. »

Pendant sa période électorale, M. Delahaye inspirait à son *Journal d'Indre-et-Loire* (16 septembre) : « L'activité infatigable de notre directeur ne nous permet pas de le suivre jour par jour dans les communes ». Invalidé pour diffamations que rendaient vraisemblables 5 condamnations en 5 ans pour diffamations et injures de Presse, M. Delahaye, par une tactique que nous verrons renouveler des Grecs tant de fois, passe l'insulte au suffrage universel : « J'ai été accusé de vous avoir intimidés. Êtes-vous hommes à voter par peur, et avez-vous été menacés ? Votre réponse à l'insulte faite au suffrage universel sera éclatante, nous avons une garantie commune à défendre : c'est notre bulletin de vote. Vous relèverez cet outrageant défi, etc. »

Cela réussit, et dès le 21 juin 90, M. Delahaye,

1. Comprenne qui peut.

déjà panamiste, discute un rapport sur les pétitions de divers comités d'actionnaires et obligataires, préludant ainsi à la fameuse séance des 104 restés sous le coup de preuves — à venir. Nous ne nous y arrêterons pas. Il en est né une lassitude. Auparavant, le 2 juillet 91, il avait présenté deux amendements de protectionnisme de son arrondissement : l'un sur les cotons et laines, repoussé par 432 voix contre 93 ; l'autre sur les chanvres peignés, par 357 contre 123.

Après ces insuccès, M. Delahaye a été l'objet de deux demandes d'autorisation de poursuites (19 mars 92), refusées avec impartialité par la Chambre.

MEURTHE-&-MOSELLE

M. GABRIEL (1re *de Nancy*)

Candidat d'importation à promesses suivies de peu de faits.

Partie impérative. — « Revision par une Constituante, référendum par le peuple, suppression du régime parlementaire, obligation pour les députés de rendre compte de leur mandat dans chaque chef-lieu de canton de leur circonscription à chaque vacance législative ». Il est douteux que M. Gabriel ait tenu, dans chaque canton, à chaque vacance, ces *promesses.* »

Vœux. — « Création et développement de l'enseignement professionnel, affranchissement administratif de la commune, caisse de retraite pour les travailleurs, personnalité civile des syndicats ouvriers et agricoles, réforme de l'impôt qui doit être direct et *proportionnel*, réduction du service militaire au minimum *possible*. Je m'engage à revendiquer toutes ces réformes : *Gabriel*, candidat recommandé par le parti national et le général Boulanger. »

De cette Table des matières connue qu'a revendiqué M. Gabriel? En 1890, rien du tout. En 1891, il intervient à propos du travail des femmes dans l'industrie; enfin, en 1892, on l'entend sur les conseils de prud'hommes, prud'hommes commerciaux et arbitrage (proposition Lockroy) et sur l'amendement Lejeune, tendant à rendre justiciables des conseils de prud'hommes les artistes dramatiques, lyriques et même du ballet, ce qui est de difficile pratique hors d'un programme. Rien autre ne ressort de l'examen des débats ou des annexes. M. Gabriel a peu écrit, proposé ou discuté.

Une fois, cependant, à propos de l'électeur Laur-Antoine, il en a dit trop :

M. Dreyfus. — « Pourquoi donc vouliez-vous faire d'Antoine un candidat en Meurthe-et-Moselle, Monsieur Gabriel. (*Ah! ah! à gauche et au centre.*) Vous vous rappelez bien nous étions d'accord. (*On rit.*)

M. Gabriel. — Non, jamais nous n'avons voulu en faire un candidat.

— Mais si, vous le savez bien c'est vous qui m'y avez fait penser. (*On rit.*) Ce n'est pas en 89, c'est en 87, alors qu'il n'était pas encore question du boulangisme, que j'ai entendu parler de la candidature de M. Antoine comme d'une protestation patriotique. C'est à Nancy, par vous, Monsieur Gabriel, et vos amis.

M. Gabriel. — Je n'ai pas dit le contraire.

M. Dreyfus. — J'en prends acte. Pourquoi donc teniez-vous un autre langage tout à l'heure à la tribune. » (*J. Off.*, 18 décembre 89.)

C'est beau les programmes!

M. BARRÈS (3e *de Nancy*).

2e *importé* élu aussi au 2e tour par concentration des *honnêtes gens* et soutenu : « Le Comité républicain national a adopté votre candidature pour la 3e circonscription de Nancy; dans quelques jours, des orateurs du Comité national iront soutenir votre candidature ainsi que celle de notre ami Gabriel. » (Lettre du général Boulanger, 1er septembre, dans la *Cocarde* du 8.)

De son côté, le *Progrès de l'Est*, du 28, publiait : « La situation de MM. Gabriel Barrès et Adam est connue. Ces messieurs ne possèdent rien ; d'où tirent-ils leurs ressources, d'où vient l'argent? »

Peut-être du Comité mixte qui avec l'investiture, lettres du général, affiches et programmes étaient communs à tous. Du reste, M. Barrès, en vrai poète, a marqué peu de souci du programme mitoyen. Il est surtout connu par trois questions :

La *question Hachette*, où il se plaint d'éliminations ne s'élevant pourtant qu'à 18 par an, parmi lesquelles, il le regrette pieusement, un livre clérical : le *Clergé sous la* 3e *République* et les ouvrages de M. Drumont qui « représentent dans ce pays un grand courant d'opinion, un énorme courant ».

M. Viger. — « Il représente surtout son opinion personnelle. » *M. Constans* répond « que les autorisations de bibliothèques de chemins de fer ne sont pas homologuées par lui, mais par le préfet du département (ordonnance du 15 novembre 1846, art. 70) et qu'au 16 *mai*, la maison Hachette a eu l'honneur de se faire mettre en demeure d'éliminer de ses 950 bibliothèques les journaux républicains. » L'ordre du jour pur et simple est voté.

Une 2e question, vaguement politique, porte sur l'interdiction, au Vaudeville, d'*Antonine* (6 mars 93.(

La 3e sur l'expulsion de Nancy d'un M. Naas. Le Ministre montre que ce distributeur de bulletins de M. Barrès est resté, après la guerre de 70, au service forestier allemand, qu'il est pensionné de 1.200 francs par l'Allemagne et que ce sujet allemand est venu prendre part à nos luttes politiques. — *Voix nombreuses* : « Cela suffit, la cause est entendue. » (17 mars 92.)

M. Barrès remportera plus de succès — de librairie.

NIÈVRE

M. JALUZOT (*Clamecy*)

Recommandé par la *Cocarde*, la *Presse* et le Monarchiste *Journal de la Nièvre* (29 septembre 89) : « Nous devons annoncer que deux candidats seulement sont en présence dans l'arrondissement de Clamecy. M. Jaluzot est le seul conservateur qui ait à lutter contre M. Hérisson radical. » Le programme de M. Jaluzot est moins étoffé que d'autres : « Je veux la liberté pour le maire dans sa commune, pour le prêtre dans son église, comme conservateur je suis révisionniste. » Ce qui est moins écourté c'est sa bienfaisance — en nature. Il tire de ses propres rayons des habits de première communion et des étoffes de dais pour les curés, des bannières, même des chemises. « Je me fais un plaisir de vous annoncer l'envoi que je fais aujourd'hui à votre adresse d'une coupe de calicot pour vous faire des chemises ainsi que vous l'aviez demandé. » (*On rit.*) (*J. Off.* 3 décembre 89.) M. Dreyfus conclut : « Philanthropie et bienveillance sont choses excellentes à la condition qu'elles ne commencent pas juste dix mois avant la période électorale. » L'enquête fut repoussée à une faible majorité de 9 voix sur 575 votants. Impartialement il faut avouer que M. Jaluzot n'a été que boulangiste intermittent, c'est surtout un député Grand-Magasin comme eussent pu l'être, par mêmes occasions — MM. Hériot et Boucicaut.

Au Budget de 91 il propose une Commission de 22 membres pour étudier la loi des patentes des grands magasins puis retire cette proposition. Il se défend, avec une logique professionnelle, contre l'impôt sur les voitures-annonces, réclames et affiches murales peintes (5 décembre 90), impôt du Dr Després qui a du reste peu rendu, l'exagération de la taxe ayant fait se dérober comme toujours la matière imposable.

En 92 M. Jaluzot s'est employé à la discussion sur les règlements d'atelier (proposition Ferroul), et le 17 février 93 il défend les grands magasins à propos de la loi des patentes. C'est peu sortir de son rayon. On ne peut signaler en dehors que deux interventions humanitaires faites sans étalage : un crédit de 500.000 fr. pour venir en aide aux paysans de la Nièvre, victimes de l'orage du 17 juillet 90 et une interpellation (16 février 92), sur le sapeur-pompier Meunier empoisonné à la caserne Ménilmontant, par du bichlorure de mercure, enfin un rapport sur le règlement définitif des comptes de la Chambre des députés, exercice 90, qui ne pouvait être remis en mains mieux — comptables.

Il semble que l'arrondissement héroïque de Clamecy, qui s'est levé en 1851, bravant la mort et l'exil pour le droit, peut élire un *républicain* même moins — assorti.

M. GASTON LAPORTE (1re *de Nevers*)

Directeur de la *Presse* avec Laguerre, fondateur du boulangiste *Patriote de la Nièvre* et soutenu par le monarchiste *Journal de la Nièvre* : « M. Gaston Laporte se recommande de la confiance du général Boulanger, en fait, il est le porte-drapeau du boulangisme à Nevers et d'autre part, il considère peut-être comme un titre en sa faveur cette circonstance qu'il a rompu avec les opportuno-radicaux : la candidature de M. Turigny est posée sous les mêmes auspices que celle de M. Laporte. » (10 septembre 89.)

Ce n'était que politesse rendue, car M. Laporte avait écrit dans son journal cette phrase grave : « Je n'ai pas à intervenir dans la lutte engagée à Cosne, entre MM. de Bourgoing et Ducoudray, et à Chinon, entre le comte d'Espeuilles et M. Berger. MM. Ducoudray et Berger se sont montrés les adversaires acharnés du général Boulanger et du Comité républicain national ». (*Patriote* du 15 septembre reproduit par la *Tribune de la Nièvre* du 27.)

La liste du parti *sans nom* porte en effet deux monarchistes dits, l'un revisionniste, l'autre républicain *rallié*, à côté de MM. Laporte et Turigny qui les appelaient autrefois, dit-on : les *marquis du pain cher*.

Dr TURIGNY (2e *de Nevers*).

« Ils *mentent* pour vous tromper ceux qui disent
« que nous avons cessé le bon combat pour la Répu-
« blique parce que nous réclamons la revision de la
« Constitution. Aujourd'hui, par cela seul que le gé-
« néral Boulanger marche d'accord avec nous, et aussi
« avec vous, pour réclamer cette revision et l'abolition

« du Sénat, il paraît que ni nous, ni vous, ne serions « encore républicains. Ils *mentent*, quand ils ajou- « tent que nous marchons *avec la réaction.* »

Où était le vrai ? Lorsqu'au second tour, le Dr Turigny maintint sa candidature contre un monarchiste le *Journal de la Nièvre dit tout:* « Nous ferons « remarquer au Dr Turigny qu'il se met en rébellion « ouverte contre le général Boulanger son chef, nous « lui rappelons que la campagne ne s'est pas faite « sur la question de la forme du gouvernement. « C'est pour cela que *de nombreux conservateurs ont* « *pu voter pour des boulangistes.* Les candidats « recommandés par le Comité national du général « Boulanger étaient MM. Laporte, Turigny, d'Es- « peuilles et de Bourgoing. Pourquoi le Comité natio- « nal recommandait-il ces deux derniers ? Parce « qu'il était intervenu entre le Comité républicain « boulangiste et le Comité de l'union des Droites un « arrangement en vertu duquel les candidats de l'un « et de l'autre Comité devaient se porter mutuelle- « ment assistance dans la mesure des convenances « locales. » (3 octobre 89.) *Est-ce assez clair*?

Depuis 4 ans, MM. Laporte et Turigny ne donnent signe de vie que par leurs votes et le « s'excuse de son absence » ou « obtient un congé ». Mais il est juste de rapprocher des *aveux* du journal monarchiste et du programme commun au premier tour de ces deux républicains : « Ils mentent quand ils ajoutent que nous marchons avec la réaction », leur autre programme commun de 1885: « *Article* 3. Séparation des Eglises et de l'Etat, suppression immédiate du budget des cultes, dissolution des congrégations religieuses et retour à la nation des biens de mainmorte, » (Barodet, p. 307.)

Et leurs votes — qui ne mentent pas.

NORD

LALOU (*Dunkerque*).

Cet homme de lettres *écrit* : « Dans les journaux que je dirige j'ai constamment pris la défense des entreprises utiles et de la classe ouvrière. Si je suis le représentant de Dunkerque, de cette cité de Jean-Bart, je demeurerai le fidèle serviteur, *l'ardent défenseur* de la démocratie, de *la liberté de conscience* comme de toutes les libertés. »

Cet *ardent défenseur* n'a rien proposé ni discuté ni surtout écrit pendant les quatre années de la sixième législature. Il a gardé toutes ses valeurs pour les journaux qu'il dirige.

Il s'est fort peu dépensé à la Chambre.

SEINE

I. — PARIS

V° ARRONDISSEMENT

M. NAQUET (*Saint-Victor et Sorbonne*).

« Je crois devoir porter à votre connaissance la « proclamation du général Boulanger pour ses « quarante-deux candidats de la Seine. » Suit « cette lettre — chargée : « Vous voterez pour « l'homme auquel le général a confié le drapeau de « son parti, c'est-à-dire pour moi. Aucun lien ne

« m'est aussi cher, ajoute le porte-drapeau Naquet, « que celui de notre haine commune pour le régime « parlementaire qui avilit notre pays, cette haine, « vous l'avez affirmée au chef, vous l'affirmerez « encore, le 22 septembre, pour son lieutenant. » *Naquet*, sénateur membre du Comité républicain national. »

Son invalidation fut accompagnée de paroles sévères. *M. Philippon, rapporteur :* « Il est étrange de voir dans cette élection les cléricaux marcher la main dans la main avec l'homme qui a écrit le livre : « Religion, Famille, Propriété. » (*Interruptions à droite.* — *M. Lagnel* : « Moi et mes amis nous sommes de vieux républicains et vous, vous êtes un rénégat. » *M. Pichon* : « C'est à droite que sont vos compagnons de lutte, vous le savez bien. »

M. Barodet — Vous avez résumé votre pensée quand vous avez dit au Sénat. « Il vous balaiera ! » (15 septembre 89.)

Sa 2e profession de foi réédite le *cliché* traditionnel de l'invalidé ». « La lutte est organisée entre les serviteurs et les contempteurs du suffrage universel. On vous a jeté un défi, il est imprudent de provoquer le peuple de Paris. Vous voterez pour la Revision, pour la *liberté de conscience*, etc. »

Revenant — M. Naquet n'a pas eu la dignité silencieuse des Laporte, Turigny, Laisant, Farcy, il intervient dans la loi Labusssière : « Toute loi avec le système représentatif est le résultat d'une transaction. »

M. Emile Moreau. — « Vous vous y connaissez en transactions ». L'amendement est repoussé par 335 voix contre 188 — (23 février 91).

Il dépose une proposition de loi pour la participation du travail aux bénéfices dans les Sociétés industrielles et commerciales par actions; imité avec surenchère de MM. Méline, Jonnart et Boudenoot. *M. Doumer* : « La loi sur les Sociétés coopératives, qui va revenir du Sénat, a tout un titre relatif à cette participation aux bénéfices » (23 juin 91). Enfin, il présente à la 2e délibération sur les Caisses d'épargne un contre-projet non irrétrécissable. *M. Aynard* : « Ah, vous faites encore des concessions, je vous en remercie beaucoup (*on rit*), mais si en votre contre-projet il faut à tout instant prendre connaissance de dispositions nouvelles, vous comprendrez qu'il sera bien difficile à la Chambre de le discuter. » (*Très bien*). Par suite du rejet de l'article premier, ce contre-projet tombe tout entier.

On voit comment a été justement traité cet ex-républicain, ex-boulangiste — verbeusement républicain à nouveau. En 1881, il disait aux électeurs d'Apt (Vaucluse) : « Par deux fois j'ai également voté comme je vous l'avais promis, la séparation de l'Eglise et de l'Etat, et, ce qui en découle comme conséquences, j'ai signé et voté l'amendement Madier de Montjau qui demandait la suppression de notre ambassadeur près du pape. » (Barodet, p. 527, n° 808).

Il a roulé sa candidature à travers tous les programmes.

VIIe ARRONDISSEMENT

M. TERRAIL-MERMEIX

Après la lettre recommandée du général *investiteur*. « Je n'ai rien à ajouter. Vous voulez que la République s'élargisse jusqu'à pouvoir contenir tous les bons citoyens. Vous voterez sur le nom d'un républicain *démocrate*, qui n'a rien de commun avec les hommes qui ont ruiné la fortune française, *persécuté les consciences* françaises, gaspillé le sang français et diminué le vieux renom de générosité et d'*honneur* de la race française. A bas les persécuteurs et les proscripteurs! Vive le général Boulanger! »

Au 2e tour, car tous ces *honnêtes* sont *passés* par une concentration d'*honnêtes gens* encore à craindre en 93, M. Terrail ajoute : « Je ferai tout et par tous les moyens pour châtier les hommes qui déshonorent la République de France. La République à laquelle je suis *inéluctablement* attaché doit être démocratique et non parlementaire; le peuple doit pouvoir élire directement le pouvoir législatif et le pouvoir exécutif, la République nationale rouvrira les portes de la France à tous les proscrits. »

Après avoir écrit ce programme, M. Terrail a écrit les *Coulisses*. Puis il a posé une question sur les gardiens de la prison de Mazas, le 21 janvier 90; une 2e, le 25 mars, sur les abus du Pari mutuel, frustrant l'Assistance publique et le droit des pauvres.

Et c'est tout — mais c'est trop.

VIIIe ARRONDISSEMENT

M. MARTIN

« *Messieurs* les Electeurs (nous sommes dans le VIIIe). M. le général Boulanger a arrêté la liste des candidats pour le département de la Seine; j'ai eu le grand *honneur* d'être désigné pour tenir haut le drapeau de cette revision que vous avez acclamée, le 27 janvier, par 7.410 voix contre 3.241 données au candidat opportuniste. *Vous ne vous déjugerez pas.*

« Le Comité national revisionniste et plusieurs comités du groupe de l'Appel au peuple m'ont fait l'honneur de me désigner comme candidat. J'ai toujours affirmé vos droits à toutes les libertés : celles de *conscience*, *d'enseignement* et d'association. Le *patronage* qui m'a été accordé vous dit assez quel est mon programme : un gouvernement qui ait l'activité nécessaire pour *agir* avec un *chef élu par le peuple*. Vous voterez pour moi, parce que, ainsi que le chef du parti national, je veux la souveraineté du peuple. » Martin, candidat du général Boulanger. (Barodet, p. 779.)

Ici il y a moins d'équivoque. Ce M. Martin, qu'il ne faut pas confondre avec le citoyen Saint-Martin, car il y a deux Martin dans l'affaire, est à la fois candidat de l'Appel au peuple et de la République nationale. Il a proposé de modifier l'article 28 de la loi du 15 juillet 89, a discuté la cession de diverses lignes à la Cie d'Orléans, puis le mode de construction de ces lignes où à son affirmation : « Je trouve que vous ne vous êtes pas expliqué du tout » le Ministre des travaux publics répond : « Cela prouve que nous différons sur ce point comme sur beaucoup d'autres ». Il a transformé en interpellation la question de M. Dreyfus sur les explosions de dynamite ; enfin ce député de Paris s'est opposé à la création de 300 emplois nouveaux de gardiens de la paix que son coup d'œil prévoit inutiles en 90, quand depuis il a fallu faire une 2e augmentation d'effectif.

Tout cela a mené peu de bruit et les républicains qui, grâce au *patronage* du général Boulanger, ont voté pour M. Martin, rompront en 1893 avec — l'*Equivoque*...

XIIIe ARRONDISSEMENT (*Maison-Blanche et Gare*).

Dr PAULIN MÉRY

« Vous voterez pour les proscrits contre les proscripteurs. C'est au cri de : A bas *les menteurs*, *les tripoteurs et les voleurs*, que vous voterez pour le candidat du parti national. »

Invalidé (1) il recopie la vieille circulaire-mot d'ordre : « Vous vengerez sur mon nom le mépris du suffrage universel; vous avez la parole, vous ferez entendre une énergique protestation. En votant pour moi, vous voterez pour le respect de la souveraineté du peuple, pour le respect du suffrage universel. » Dr Paulin Méry député invalidé.

Ce **40e** a déposé coup sur coup, en octobre 1890, quelques projets à effet de popularité : réduction du nombre des fonctionnaires et des gros traitements, amélioration du sort des ouvriers et employés des chemins de fer (29 octobre), question au Ministre de la Guerre sur l'obligation du port du sac pendant la faction, puis revision des lois constitutionnelles. En 92, il vient en aide logique aux interpellateurs du Panama, demande le tirage au sort de la Commission d'enquête, enfin, multipliant sans dépense personnelle sa sollicitude, il demande une allocation supplémentaire de 30.000 fr. pour les facteurs distributeurs d'imprimés de *Paris*.

Cette tendance à rétribuer l'électeur sur ce Budjet dit avant l'élection, tué par le déficit, est aussi spéciale aux boulangistes qu'un inquiet patriotisme.

A l'interpellation sur le Congrès de navigation intérieure, le Ministre répond : « Je ne vois pas comment soustraire aux regards indiscrets des rivières des canaux, des bassins. (*On rit.*) Pour mettre au secret nos ports je ne connais qu'un seul moyen, c'est d'empêcher les navires étrangers d'y entrer. »

1. Basly, qui a 14 ans de mines d'Anzin, fut dit par lui faux ouvrier et débitant. On sait que, renvoyé par les Compagnies pour fait de grève, l'ouvrier est sollicité d'ouvrir un débit par ses camarades qui « vont chez lui ».

(*Nouveaux rires.*) Le docteur P. Méry, déjà père d'un patriotique projet sur l'Espionnage, parle de ses inquiétudes de député patriote. (*Allons donc! à gauche.*)

L'ordre du jour pur et simple est voté.

XVe ARRONDISSEMENT (*Necker et Grenelle*).

M. FARCY

« Dans quelques jours va se terminer la lutte « entreprise par quelques courageux citoyens contre « un ministère moribond aidé par la presse fond- « secrétière et les parlementaires affolés. La *liberté* « *de conscience* est supprimée, la patrie mise aux « pieds de *Bismarck*, notre assistance publique qui « distribue si mal les secours (*nous sommes dans le* « *XVe*), les met en réserve pour combler les agents « électoraux officiels. Défiez-vous surtout des ma- « nœuvres de la dernière heure » ajoute le candidat d'un parti qui en a fort abusé.

Pendant quatre années, M. Farcy a gardé un silence de mort. Mais pour les sanctions dues, il faut montrer les votes cléricaux et abstentions (p. 57) de celui qui, en 1885, eut ce programme : « Sépa- « ration des Eglises et de l'Etat, suppression du « budget des cultes, le Clergé soumis au droit com- « mun, retour à la nation et aux communes des « biens des congrégations religieuses. » (Barodet « 1885, p. 378.)

M. LAGUERRE (*Javel et Saint-Lambert*).

Après la lettre inévitable du général : « Je lutte pour l'avènement d'une République libérale, tolérante, *ouverte à tous les bons citoyens*. Renversez d'un haussement d'épaules tout cet étalage de boue et d'ignominie. Je sollicite l'honneur d'être le serviteur le plus actif ds vos revendications légitimes et de vos colères indignées. »

L'un des auteurs des *Coulisses* ajoute : « Ami du général Boulanger, je suis resté son défenseur *fidèle* lorsque des parlementaires jaloux l'ont chassé du pouvoir, avec lui je poursuivrai la destruction de la République opportuniste, étroite, *intolérante.* »

Ce *fidèle*, ce *tolérant*, avait pour programme, le 30 septembre 85 : « Séparation immédiate des Eglises et de l'Etat, retour à la nation des biens dits de mainmorte, impôt sur le revenu, suppression de l'exemption des séminaristes. »

Depuis son livre, il a posé 2 questions, l'une en mars, sur l'irrégularité des comptes de la Fouilleuse, fermée depuis l'année précédente, l'autre, le 30 mai 92, au Préfet de Police sur les chiens.

Enfin, il a cru devoir parler sur les modifications à la loi sur la Presse.

Avant son livre la censure avec exclusion temporaire dut être prononcée contre lui lors de la validation Joffrin : « Je veux empêcher de parler cet homme qui n'est pas élu, vous avez M. Joffrin, vous le garderez jusqu'à la fin de la législature. » Non, hélas, mais ce *fidèle lui* put répondre : « Je n'ai parmi mes électeurs, ni ratapoils, ni donneurs d'eau bénite, je regrette ces incidents, ils tiennent à ce que l'un des premiers dans le parti républicain j'ai vu le voleur et le concussionnaire sous l'uniforme du général. » (*J. Off.* 21 janvier 90.)

XVIIe ARRONDISSEMENT (*Ternes et Plaine Monceau*).

M. LE SENNE

Après la lettre obligatoire du général : « Ce que vous avez décidé le 27 janvier, vous le déciderez une fois encore le 22 septembre; votez pour celui que le général Boulanger vous a désigné, je veux la paix civile, le progrès social, la *paix religieuse*; la Présidence de la République remplacée *par un pouvoir exécutif à plusieurs têtes* et renouvelable; la convocation d'une Constituante qui révisera la Constitution avec le concours du Peuple directement consulté, je demande le remaniement complet du système des patentes, la réforme de la justice et des frais de justice. Nous sommes à l'heure où la paix extérieure est plus que jamais *menacée*.» (Barodet, p. 816.)

Malgré ou à cause de ces prédictions, M. Le Senne semble, en 4 années, s'être délicatement spécialisé dans les arts et les lettres. A part un amendement à la loi Labussière formidablement repoussé par 491 voix contre 29, un neuvième ordre du jour dans l'interpellation Lasserre et une proposition de suppression des murs et remparts de la Ville de Paris (17 mai 90), le parlementarisme de M. Le Senne est plutôt académique : question à M. le Ministre des Beaux-Arts sur la situation faite aux artistes français à l'Exposition de Buenos-Ayres (25 mars 90); proposition de loi sur l'abolition de la censure (31 janvier 91).

Amendement à la proposition Lockroy sur les Conseils de Prudhommes, M. Le Senne demande que les artistes dramatiques, lyriques, voire chorégraphiques, soient rendus justiciables de ces conseils, même les régisseurs et les souffleurs. Le rapporteur répond : « Quelle est la compétence des prud'hommes en matière d'art, de chant et de danse? » (*Sourires.*) L'amendement est repoussé par 439 voix contre 44 (*J. Off.*, p. 2970.)

M. Le Senne a complètement perdu de vue à la Chambre son *pouvoir exécutif à plusieurs têtes.*

M. E. ROCHE (*Batignolles et les Epinettes*).

« Je reçois du général Boulanger la proclamation qu'il adresse aux électeurs, je me hâte de la mettre sous vos yeux : (Suit la lettre-omnibus) : « Si vous m'envoyez à la Chambre, j'y défendrai les travailleurs, les employés, les pauvres, je monterai sans peur à la tribune pour flétrir et décréter d'accusation ce *Ministère de grand chemin* qui compte chacun de ses jours par une infamie nouvelle, je demanderai la suppression du Sénat, la Revision, le rappel de Rochefort, de Dillon et du général Boulanger. Faites votre devoir, vous verrez que je saurai faire le mien. »

Il l'a fait de façon vive. Aussi, en dehors de la proposition d'amnistie, de la loi sur le travail des femmes dans l'industrie où son amendement avec MM. Granger et Gabriel est repoussé par 349 voix contre 109, de la 1re délibération de la loi sur la presse, et de celle sur les Bureaux de placement, M. Roche se montre surtout *lanceur* d'interpellations sensationnelles.

La 1re, au Ministre de la Marine sur la nomination de l'amiral Duperré, une autre sur le maintien en prison de M. Lafargue, la 3e sur les produits du Pari mutuel où il conclut : « J'ai parlé, au nom de la Ville de Paris que je représente. »

Voix à gauche. — Pas tout seul. (*Rires.*)

M. Clémenceau. — Vous venez des Batignolles ou des Epinettes. (*Nouveaux rires.*)

M. Constans. — C'est donc uniquement le désir d'interpeller qui vous pousse à cette tribune. Vous vous plaignez de ce que le Gouvernement ne fait pas une chose, tout en vous réservant la faculté de le critiquer lorsqu'il vous aura donné satisfaction, je n'ai rien à ajouter. Je fais la Chambre juge de la question. (*Très bien, très bien, à gauche et au centre.*) L'ordre du jour pur et simple est voté par 357 voix contre 48. (*J. Off.* 1er mars 91.)

La 4e interpellation, sur les événements du 1er mai, finit encore plus mal.

M. Roche. — Vous allez m'appliquer la censure, vous ne pouvez rien faire qui me cause autant de plaisir.

Voix à gauche. — Vous cherchez cela depuis le commencement de la séance.

M. Roche. — Il sera entendu que j'ai encouru cette peine, et *ce sera ce soir à l'Officiel*, en défendant les assassinés contre les assassins que vous êtes. » (*Rumeurs.*) La censure avec exclusion temporaire est prononcée. (*J. Off.* 5 mai 91.)

En plus de cet art de faire des scènes à la majorité, M. Roche, qui voulait décréter d'accusation le *Ministère de grand chemin* de 1889, a bel et bien demandé en 1893 la mise en accusation de M. Charles Dupuy. Cela a été à l'*Officiel*.

Est-ce bien là faire son devoir — parlementaire.

XVIIIe ARRONDISSEMENT (*Grandes Carrières*).

M. LAISANT

Toujours la lettre obligatoire du Général où l'on lit *franchement* : « Malgré les violences et les manœuvres d'un gouvernement perdu, vous savez que de notre côté sont tous les partisans de la Revision *pour* la République et du côté de nos adversaires tous ceux qui plus ou moins *franchement* ne veulent pas de revision. » (B. p. 774.)

M. Laisant ajoute : « Toute candidature dissidente quand même elle se réclamerait en apparence de la Revision, est une candidature ministérielle anti-revisionniste, tout candidat qui combat le parti national est, qu'il le veuille ou non, un auxiliaire des Constans et des Ferry. La démocratie de Montmartre a trop d'esprit politique, trop d'expérience, elle a trop souvent été trompée dans le passé par des *politiciens indignes de sa confiance* pour se laisser abuser. »

Depuis 4 ans, M. Laisant est resté muet. Il a droit au silence de tombe qu'il a gardé — plus dédaigneux que d'autres — d'évolutions.

M. S^T-MARTIN (*Goutte d'Or et la Chapelle*).

« Le général Boulanger, chef du parti national, s'adresse à vous dans un langage fait de *loyauté et d'honneur*.

« *Vieux républicain*, serviteur de la cause dont il est le représentant, je vous communique l'expression de sa pensée...

« Que puis-je ajouter ? Un programme en ce moment serait, je crois, inutile. Marchons au salut et à la grandeur de la Patrie sous le drapeau de *l'honnête homme*, du vaillant soldat que par tant de calomnies l'on a fait le champion de tous les faibles, de tous les opprimés. »

Le rapport sur l'élection de M. Francis Charmes et une question récente sur la municipalité d'Avignon sont les seules occasions où l'on ait entendu le *vieux républicain* — sans l'écouter. Il eût pu comme d'autres évolutionner, faire obstruction pour que ce soit à l'*Officiel*, justifier ces mots de M. Ricard (24 janvier 91) : « Si nous ne perdions pas tant d'heures à discuter des interpellations ou à entendre des questions, nous pourrions nous occuper des questions qui intéressent les travailleurs et les ouvriers. » Il s'est tu.

Mais les votes restent (p. 57).

XIXᵉ ARRONDISSEMENT.

M. MARTINEAU (*La Villette et Combat.*)

A évolutionné. Il s'était pourtant engagé à fond : « Ce sont les hommes nouveaux qui en 1793 ont fondé la République et sauvé la Patrie, qui sait si *demain* nous n'aurons pas à prendre virilement de pareilles responsabilités. L'anarchie, elle est chez nos adversaires, la dictature, elle est chez nos adversaires qui font une sorte de terreur rouge et violent toutes les libertés. Si jamais la République et la liberté venaient à être menacées, c'est de notre côté qu'on trouverait les *Baudin.* »

Rassurez-vous, M. Martineau n'est pas mort pour 25 francs. En les émargeant 4 années il a déposé des projets de loi sur les tribunaux de 1ʳᵉ instance jugeant moins de 100 affaires, imitation des projets Dufaure et Cazot (13 nov. 90), sur des modifications à l'échelle des peines en matière criminelle (23 juin 91). Finalement, il s'est spécialisé dans les questions coloniales, a interpellé sur la politique au Soudan et proposé le service militaire des indigènes d'Algérie avec leur naturalisation, imitations encore de vieux projets Michelin.

On dit aujourd'hui que M. Martineau, poursuivant sa ressemblance avec Baudin qui fut médecin militaire en Afrique, veut aller servir dans le personnel colonial — *bien loin.*

M. GRANGER (*Pont de Flandre et Amérique*).

« Il faut en balayant les proscripteurs effacer cette honte de voir un des *Fondateurs* de la République proscrit sous la République. Je demanderai une législation internationale du travail, la suppression de la Présidence de la République, le référendum. Les charges militaires seront réduites au *minimum* en assurant malgré cela à la Patrie un *maximum* de puissance défensive. (Encore un problème de programme que M. Granger a peu résolu.) « Le 1er devoir est de balayer les écuries de la République ; à bas Ferry ! »

Après une proposition d'amnistie avec MM. Leveillé et Roche, repoussée par 338 voix contre 81, M. Granger s'est spécialisé dans les questions ouvrières : 2e délibération sur le travail des femmes dans l'industrie, commission d'enquête sur les deux sinistres de Saint-Etienne, indemnités à payer aux victimes des accidents de mines — renvoyé à la commission du travail (24 janvier 91), enfin crédit de 100.000 fr. pour indemniser du chômage les ouvriers de la boucherie et de la mégisserie — qui habitent en assez grand nombre le XIXe : « L'argent sera donné, dit M. Constans, sur les fonds secrets que cela purifiera peut-être. » (28 mars 90.)

En dehors de ce particularisme, M. Granger intervient à propos de la liberté de l'art dramatique et de *Thermidor* écrit « pour régler son compte à Robespierre »; il n'y a pas moins de sept ordres du jour, dont trois boulangistes. *M. le Président:* « Voilà le septième et dernier ordre du jour que j'aie entre les mains — jusqu'à présent. » (*Rires.*) (29 janvier 91.)

Il est étrange, en pleine gauche, de voir celui chez lequel est mort Blanqui, — le chef des Blanquistes depuis la mort d'Eudes, le rédacteur de *ni Dieu ni Maître*, voter et s'abstenir équivoquement pour le clergé.

Encore un prisonnier de *L'Equivoque*.

II. — BANLIEUE DE PARIS

M. REVEST (*Saint-Denis*).

Après l'agaçant Préambule du Général : « Ainsi que vous le voyez, c'est moi, et moi seul qui suis le candidat du parti national, quoi que des voix non autorisées aient pu dire. J'espère qu'avec une population comme la vôtre, la *grande cause*, dont le Général est le chef, remportera, le 22 septembre, un éclatant triomphe. » (Barodet, p. 453.) C'est bref.

Après invalidation, M. Revest est moins bref : « Les « fonctionnaires de M. Constans et de M. Joffrin « n'ont pas admis qu'un honnête homme, qu'un « bon républicain ait le droit de se défendre. Ce « n'est pas *ma personne*, c'est la souveraineté du « suffrage universel lui-même qui est atteinte. Et « 310 députés, élus par la pression officielle « et *par la fraude*, viennent vous dire : « Vos « volontés ne comptent pas. » La République *forti-* « *fiée*, organisée, ouverte à tous les bons citoyens, « permettra enfin de réaliser les réformes sociales, « de venger les iniquités d'une justice politique, « la Haute Cour, qui a sciemment condamné 3 bons « citoyens. » (6 février 90).

A la Chambre M. Revest a été absolument bref. En 4 années, il n'a fait ni discours, ni questions, ni propositions. — rien. On ne possède de lui que cette phrase : « Il me paraît bien difficile qu'un républicain radical-socialiste, qui a toujours demandé la séparation de l'Eglise et de l'Etat, ait été défendu et appuyé par le clergé. »

M. Millerand. — Et M. Naquet ? (5 octobre 89).

En se reportant aux abstentions ou votes de M. Revest on comprend mieux que lui-même — cet appui.

M. GOUSSOT

COMMIS AUXILIAIRE A LA PRÉFECTURE DE LA SEINE RÉVOQUÉ

Après le *communiqué* du Général, M. Goussot ajoute sobre : « Ai-je besoin d'une profession de foi ? »

Mais invalidé il devient moins sobre : « Ce n'est pas ma personnalité qui se trouve atteinte, c'est le principe de la souveraineté du peuple, la journée du 16 février sera la revanche du suffrage universel. »

Ce suffrage était, paraît-il, *préparé* par une bande opérant à cheval sur les deux circonscriptions, en partie double, à Aubervilliers pour M. Revest, à Pantin pour M. Goussot; elle obéissait à des célébrités électorales, Jean Marie six fois condamné, la *Trique* et la *Betterave* de la Villette ; tous ces procureurs d'élections (sans pouvoir élire eux-mêmes, faute de droits civiques) envahissaient de force les réunions et s'emparaient du bureau.

M. Barodet. — Voilà les revisionnistes.

M. Jumel — C'est pour ceux-là qu'on voulait une République ouverte. » (*J. Off.* 15 octobre 89). En dehors de cette candidature soutenue, M. Goussot a fait quelques aveux dans son interpellation sur les menées boulangistes : « Nous avons agité le pays par la presse et par les réunions. »

Un membre à gauche. — Avec l'argent de la duchesse d'Uzès.

M. Goussot. — Ce n'est qu'aux élections dernières, en septembre 89, que j'ai reçu, et je le déclare à cette tribune, le quart de mes frais électoraux, c'est vrai. (*Exclamation à gauche.*)

Il continue : « Votre 2ᵉ argument est celui-ci. A quoi bon poursuivre des hommes, aujourd'hui tombés dans le mépris public (*applaudissements ironiques au centre et à gauche*), des hommes éliminés systématiquement des réceptions, des inaugurations et des fêtes officielles (*rires*), le Ministre des travaux publics a dit qu'il pardonnerait un jour aux dupes, jamais aux complices. »

M. Maujan. — Vous avez trouvé parmi vous des exécuteurs de votre politique.

M. Constans, Ministre de l'Intérieur. — Nous ne voulons pas vous poursuivre, Monsieur Goussot, parce que les poursuites que vous demandez, nous ne les croyons pas utiles à d'autres qu'à vous (*très bien, très bien et rires*). Vous voulez qu'on parle de vous ». (*J. Off.* 21 oct. 90.)

Le 24 juin 91, M. Goussot rallonge en interpellation la question de M. Engerand, boulangiste, sur ce commissaire de police qui avait trop bien signalé la Trique et la Betterave. *M. Goussot :* « Ce commissaire a saisi chez M. D. 3 tableaux dont l'un représente une femme couchée sur le ventre. (*Exclamations.*) — *Quelques membres à gauche :* « Il y a des dames dans les tribunes. » — *M. Ordinaire :* « Voilà l'amplitude que l'on donne aux séances réservées aux questions ouvrières. » L'ordre du jour pur et simple est voté par 303 voix contre 58.

En dehors de ces séances perdues, M. Goussot parle sur le pari mutuel, la répression des fraudes dans le commerce des beurres et demande un généreux crédit semi-électoral de 50.000 fr. pour les verriers de Lyon et de — Pantin.

Récemment encore, à propos du renouvellement partiel, il affirmait : « Le gouvernement de 1848 votait la loi des 45 centimes.

M. Floquet. — Il n'y a qu'un malheur, c'est que cette loi n'a jamais été votée.

— Soit, monsieur Floquet, mais il y a la loi du 31 mai qui a rayé 3 millions d'électeurs des listes électorales.

M. Leydet. — Oui, mais cette loi a été votée par

une majorité réactionnaire. » (*J. Off.*, 14 juin 93.)
L'Histoire n'est pas une auxiliaire — à dédaigner.

BOUDEAU INDUSTRIEL.

Un des 40 mort civilement, passé du Palais-Bourbon au Palais de Justice. « Ce que je veux, ce que nous voulons tous, c'est une république grande et forte à l'intérieur, puissante et *respectée* à l'extérieur. Pour cela, que faut-il ? La réunion de tous les Français sur le terrain d'une République nationale, *tolérante* et libérale pour tous, parce qu'elle se sentira forte de l'adhésion non pas d'un parti mais de la France tout entière. » (C'est bien simple.) « Mes ennemis qui sont les vôtres, insinue cet industriel, me font un grief de mon obscurité. Ce reproche se *reproduit* chaque fois que se *produisent* des hommes nouveaux que les événements mettent en *lumière*. »

Mis en lumière, M. Boudeau est resté 4 ans à la Chambre, effacé. Nous n'insistons pas sur le cas de cet industriel qui traitait l'industrie — en chevalier.

M. LAUR (*Neuilly*).

Cet omnispécialiste nous retiendra davantage.

En plein succès de l'Exposition, il affirme : « Les destinées de la République et de la Patrie sont compromises; les parlementaires ont gaspillé tout un patrimoine d'honneur et de vertu, il faut le reconstituer au plus vite; nos dettes dépassent 33 *milliards*, la *quadruple* alliance nous guette, la Russie ne conclura pas de traité avec nous, *je le sais de source sûre*, tant qu'elle aura devant elle un ministère de jouisseurs. Electeurs, le parti national, c'est la paix et l'alliance russe. »

Il n'y a là qu'un tempérament d'hyperbole. Voici

l'odieux : Comme l'a dit M. Hubbard, toutes les accusations qui ont traîné dans les gazettes allemandes, sont ramassées par M. Laur contre Antoine. « Citoyens, vous ne donnerez pas vos voix au fuyard d'Allemagne, au Messin rénégat. Metz la Française est abandonnée par mon adversaire. » Pourtant Antoine n'a rien renié de ses convictions comme le député qui en 1885 promettait « de suivre attentivement les progrès de l'opinion publique pour la séparation de l'Eglise et de l'Etat, la liberté des associations civiles et religieuses, dans la limite de la sécurité de l'Etat » et dont on verra les abstentions ou votes cléricaux pendant 4 années (p. 57).

Par exemple: chemins de fer, finances, marine, navigation intérieure ou extérieure, régime des pétroles et des sucres, Conférence de Berlin, caisses d'épargne, armée, sardineries, rien de ce qui se légifère n'est étranger à M. Laur.

Il n'a pas moins de 23 interpellations et 12 propositions de loi à son actif. On comprend que ses : « Je demande la parole... » ou : « la parole est à M. Laur... » soient suivis à la Chambre de : *Exclamations*, qu'aussi la majorité le remette traîtreusement à un mois quand il désire une discussion immédiate et crie : « Tout de suite » quand il veut attendre. Mais cela l'embarrasse peu.

Citons dans ses productions par ordre chronologique : les projets sur les huiles de pétrole et les schistes, publication des rapports des inspecteurs des finances sur le Crédit foncier, éclairage des mines grisouteuses, revision du code minier, congrès économique européen à Paris, publication du Livre jaune; impôt sur le revenu, rachat du chemin de fer de l'Ouest pour constituer un réseau Etat-Ouest. modifications à la loi de 1848 sur les heures de travail, etc. etc.

Dans les interpellations : celles: sur la conférence

de Berlin, le Crédit foncier, les droits sur les céréales, la protection que la France doit à ses nationaux, les 75 millions prêtés à la Banque d'Angleterre, le personnel révoqué des chemins de fer, l'accaparement des pétroles, des cuivres, de 105 usines sardinières, le retour des crises financières en France, etc. Presque tous ces tournois comme le dernier se terminent par la défaite de 431 voix contre 32. Mais M. Laur récidive.

Peu de Ministres lui ont échappé.

Depuis les affaires du Panama et d'Arton on ne l'a presque plus entendu, — puis plus du tout. Les électeurs se souviendront de cette papillonne un peu incohérente sur tous les sujets, des séances perdues ; du *coup d'œil* de celui qui, en 1889, leur prédisait pour le lendemain : la perte de l'alliance russe, la guerre, la banqueroute, etc.

M. DE BELLEVAL

« Le gouvernement n'a pas le droit de se dire républicain. Ses principes s'y opposent, il ne veut entendre parler ni de la convocation d'une Constituante, ni de la revision, ni du mandat impératif, ni de la liberté d'association, ni de la *liberté de conscience*. Il a attiré en France des employés et des ouvriers *étrangers*, pendant que nos compatriotes *mouraient de faim faute d'ouvrage*. Vous voterez pour le candidat choisi par votre glorieux élu du 27 janvier. »

A une inexactitude près, c'est toujours même chose. Après invalidation c'est encore même chose : « Après avoir validé Joffrin, ils m'ont invalidé. C'est contre cet attentat que je vous demande de protester. Vous refuserez de vous courber devant les *ordres* de la Chambre, *vous ne voudrez pas vous déjuger*, vous montrerez à la *Province timide* que le département de la Seine est toujours debout contre les *duperies* de la République officielle, j'ai confiance en votre verdict vengeur. »

Ici encore, le suffrage universel était *préparé* par 40 étrangers descendant aux réunions, de 4 grandes voitures. L'un avoua : « Vous avez tort de nous appeler 40 *sous*, nous ne gâtons pas le métier; c'est 5 francs que nous touchons, — et les rafraîchissements. » (*J. Off.*, 22 décembre 89.)

M. de Belleval a surtout proposé des rognures sur le budget : 36.000 fr. sur le Conservatoire, 6.000 fr. sur les examinateurs des Arts et Métiers, réduction du traitement du Gouverneur général de l'Algérie, du personnel de la Cour de cassation, des sous-préfets, secrétaires généraux, sous-directeurs des contributions directes, enfin la peu démocratique diminution de 1.542.000 fr. sur les intérêts alloués aux cautionnements.

« Mais vous atteignez ainsi une foule de petits fonctionnaires ; il y a 5,676 cautionnements de 10.000 fr. et au-dessus; 5,325 de 5 à 10, mais 46,580 au-dessous de 5.000 fr. dont 3,181 receveurs d'octroi, 7,216 agents des postes et télégraphes, 1.560 commis principaux des contributions indirectes, etc., etc.

M. Terrier. — Et très souvent ils ont dû emprunter leur cautionnement.

M. Emile Moreau. — Et l'emprunter à 5 0/0 (*Très bien ! Aux voix ! aux voix !*)

L'amendement est repoussé par 439 voix contre 19 (6 novembre 90). Ce Boulangisme, qui eût diminué, si c'était possible en France, les mots *national* et *patriote*, semble rapetisser l'*économie* elle-même.

Avec la discussion sur les infractions spéciales à l'indigénat en Algérie, où il déclare croire à la partialité des préfets et sous-préfets (12 mai 90), une proposition sur la composition du Conseil général de la Seine (25 mars 90), et 2 interpellations sur l'autonomie communale de Paris et sur le Conseil supérieur du travail, toutes 2 repoussées par ordre du jour pur et simple, M. de Belleval complète son bagage parlementaire de 4 années.

Dans sa profession de foi, il disait : « Plus que jamais je suis partisan d'une République respectueuse de *toutes les croyances et de toutes les opinions*, soucieuse et protectrice avant tout *des faibles.* »

Pas des faibles cautionnements.

M. P. RICHARD

C'est toujours l'identique République faite de bonapartistes, royalistes et cléricaux épris d'un régime égalitaire : « Je m'attacherai à ramener la concorde entre tous les Français, en les unissant sur le terrain d'une République vraiment nationale *où chacun aura sa place* où tous ayant les mêmes charges auront les mêmes droits. Votez pour moi, votez pour la République nationale et honnête. Je réclamerai *sans relâche* la convocation d'une Assemblée constituante.

« Je m'engage à me présenter devant vous *dans 6 mois*. Si nous n'avons point obtenu satisfaction, vous me direz, alors, si je dois démissionner ou continuer à protester en votre nom. » (Cela a-t-il été fait?)

M. Richard a pris part à la discussion du projet Cluseret, réglementation des halles centrales, des modifications à la loi de 1881 sur la Presse, du budget de 1893 (pensions). Mais en dehors d'une proposition réglementant la vente des valeurs cotées et non cotées (21 déc. 90), son initiative s'est surtout inspirée d'un souci naturel de réélection : questions sur le non-chauffage des voitures de 3e classe de la

Banlieue et sur l'état sanitaire de la Banlieue, projets de faire bénéficier les agents de police de la banlieue de la loi du 9 juin 53 sur les pensions de retraite, ainsi que les ouvriers, ouvrières et employés civils des manufactures et arsenaux de la guerre. Cette dernière surenchère est signée en coup double de M. Richard pour Vincennes et de M. Borie pour Tulle.

Une autre proposition paraît aussi quelque peu de flirtation boulangiste : Minimum de salaire à fixer sur les nécessités de l'existence par corps de métier et par département. Dans la discussion (16 février 92), il échappe à M. Richard : « Le tarif des douanes est appliqué depuis quelques jours et déjà les objets de première nécessité ont augmenté de prix.

M. Darlan. — Vous pouviez parler pendant la discussion du tarif général des douanes, et vous ne l'avez pas fait. »

Cette prédiction du *pain cher* ne s'est pas plus réalisée que les prophéties Laur, sur l'alliance russe, la guerre, la banqueroute, et M. Richard a médiocrement « réclamé *sans relâche* la convocation d'une Assemblée constituante. »

SEINE-&-OISE

M. ARGELIÈS (*Corbeil*).

« Le Comité revisionniste de l'arrondissement de Corbeil et le Comité républicain national m'ont désigné pour représenter cette politique qu'à diverses reprises vous avez acclamée. La Chambre qui vient de terminer son mandat est tombée *sous la malédiction publique*. Vous voulez que le peuple lui-même porte son jugement sur les grandes questions qui nous divisent. L'heure est *grave*. Electeurs, la prochaine Chambre aura à dénouer la crise qui paralyse tous nos efforts depuis 89 : Séparation de l'Eglise et de l'Etat soumise au référendum, suppression du Sénat, suppression des octrois, réforme des boissons et des patentes, *élection des juges*, etc. »

Voilà comme toujours un fort programme. Qu'en a fait M. Argeliès? Il est nommé, en 1890 et 91, secrétaire provisoire au bénéfice d'âge et — c'est tout pour ces 2 années.

En 1892, il interpelle sur le *Panama* avec M. Delahaye. Le 8 février 93, nouvelle question sur les moyens de sauvegarder les intérêts français dans l'affaire du *Panama*. Enfin question dernière sur la notification des actes de décès aux parents, elle vise un fait du 25 juin 92. M. le général Loizillon répond avec logique : « Pourquoi cette question ne vient-elle que le 14 mars 1893, dix mois après. »

Nous voilà loin des suppressions du Sénat, des octrois, de l'élection des juges et bien plus près du *Panamo-Boulangisme*.

M. GAUTHIER de CLAGNY

« La lutte qui s'engage va décider *des destinées de la Patrie*, les politiciens qui nous gouvernent ruinent la France, ils ont renié leurs convictions, trahi leurs origines ; pour conserver le pouvoir ils mutilent le suffrage universel, le pays est fatigué du parlementarisme, la revision s'impose. Ennemi des violences et des proscriptions, j'ai protesté contre la condamnation du général Boulanger prononcée non par des juges mais par des adversaires politiques, tout mon programme est dans la Revision. Donnez à votre élu le mandat *exclusif* de préparer l'élection d'une Constituante. » (Bar. p. 903.)

Ce mandat exclusif sera encore ici le *Panamisme*. Dès 1890 M. Gauthier dépose un rapport sur des pétitions de divers actionnaires et obligataires. Deux ans après, avec MM. Argeliès et Delahaye, il concourt à la nomination de la Commission d'enquête, en est membre et interpelle les Ministres de la Justice et des Finances sur son Panama exclusif. En dehors de ces assauts à la République visée par-dessus la tête de quelques hommes, M. Gauthier « est entendu » sur les modifications à la durée des heures de travail, sur les justices de paix où il présente 2 amendements, l'un pour la nomination à 25 ans d'âge, *retiré*, l'autre soumettant la destitution à l'avis conforme de la Cour d'appel, *repoussé*, sur les liberté et secret du vote, sur l'interpellation Lasserre. Enfin le 28 mai 92 il interpelle lui-même pour protéger les retraites contre certaines agences de prêts sur titres. Mais son boulangisme *d'origine* (1) se trahit par un projet d'abrogation de la loi sur les candidatures multiples (25 oct. 92), surtout par une culture intensive de la circonscription électorale, demande de transfert de l'Ecole Polytechnique à Saint-Cloud (18 juillet 91), d'augmentation de crédit pour la manufacture de Sèvres dont le Ministre est prié de rassurer le personnel.

M. Bourgeois. — « Je ne crois pas avoir besoin de rassurer un personnel qui n'est pas inquiet. » (*J. Off.* 26 nov. 90.)

Le Panamisme et ces *petits soins* semblent avoir fait tort au « mandat exclusif de préparer une Constituante ».

1. *Presse* 24 septembre « Signalons tout particulièrement le succès de MM. Gauthier de Clagny à Versailles et Gaston Laporte à Nevers. »

DEUX-SÈVRES

M. HONORÉ PONTOIS, CANDIDAT D'IMPORTATION, (2e *de Niort.*)

« C'est au nom du parti républicain national que j'ai l'honneur de me présenter à vos suffrages. Vous avez assez de l'instabilité ministérielle. En votant pour le parti revisionniste national, vous déclarerez que vous condamnez le parti qui a brisé l'épée de nos *meilleurs* officiers et commis un crime envers la Patrie *menacée.* »

Passé au 2e tour par concentration des *honnêtes gens*, M. Pontois les remercie : « Je viendrai souvent au milieu de vous pour m'enquérir de vos besoins et *prendre en main* la défense de vos intérêts locaux. Chers électeurs, votre rôle est terminé, le mien commence, c'est à *l'œuvre* que vous me jugerez bientôt. »

L'œuvre est énorme.

Point pour les intérêts locaux, car il n'y a qu'une discussion discrète sur la situation faite aux pays d'élevage, tandis que les modifications au tarif douanier pour certains produits de Tunisie et une question sur la non-exécution du rapport annuel sur la situation en Tunisie semblent montrer ce pays *mieux pris en main* que les Deux-Sèvres.

Mais pour la *Réformation générale.*

En dehors de sa collaboration naturelle au scandale du Panama et d'une demande pour la Commission d'enquête de tous les pouvoirs appartenant aux juges d'instruction et aux Chambres de mise en accusation, l'honorable M. Honoré a fait son affaire de *Réformer*.

Dès le 21 nov. 89, à peine sur son siège, il dépose un projet de réforme de l'organisation judiciaire, puis, coup sur coup, le même jour, des propositions sur l'unité de juridiction (*Annexe* 529), sur le rachat de la vénalité de tous les offices, la tranformation de l'ordre des avocats, la suppression des avocats au Conseil d'Etat et à la Cour de cassation, des avoués de 1re instance et d'appel, la transformation des greffiers, commissaires-priseurs, huissiers, notaires et agents de change en fonctionnaires de places salariées par l'Etat, plus avec cela une Réforme de la procédure civile.

Le tout d'un seul tenant. (*Annexe* 530).

Mais ce n'était pas assez ; à ces bouleversements grandioses il joint 2 projets : l'un sur la réorganisation du cadastre et sa conservation, l'autre sur la réforme de la constitution de la propriété immobilière en France et aux colonies.

Tout cela en 24 heures le même jour.

Et ce 8 mai 1890 semble encore dépassé par le 23 janvier 93, et la proposition immense d'un *Grand Institut financier* populaire de France.

Il y a dans tout cela de bonnes intentions peu pondérées comme dans cette discussion des droits des enfants naturels ou reconnus à la succession des père et mère, droits que M. Pontois veut étendre aux enfants adultérins — même incestueux. Si bien que M. Gamard, quoique de la droite objecte : « Les 2 propositions n'ont aucun rapport. »

M. Honoré Pontois fait *trop grand*.

SOMME

Feu **MILLEVOYE,** LE LIEUTENANT DE DÉROULÈDE

Il est malaisé de louer beaucoup M. Millevoye même en oraison funèbre.

« Au nom du général Boulanger votre élu, je vous invite à vous unir dans un grand esprit patriotique pour fonder un régime de probité, de liberté, *d'honneur*, respectueux des droits et des *consciences*, capable de s'*imposer à l'estime de l'Europe* et d'assurer une paix durable. »

Pour nous *imposer* à *l'estime de l'Europe* après 8 interpellations dont 4 sur le Panama, 2 questions, nombre de séances perdues, M. Millevoye a fait les révélations que l'on sait. Lors de la validation de ce pauvre mourant de Joffrin, il donna la mesure d'un déséquilibre marqué et se vit rappeler par M. de Cassagnac lui-même, à propos de l'Alsace-Lorraine :

« Qu'il est des questions sur lesquelles il est imprudent de pousser à outrance la liberté de la tribune. » (*J. Off.* 21 janvier 90.)

C'était du reste un *rallié*.

M. *Terrier*. — « Il n'y a pas longtemps que vous la défendez la République, » et le *rallié* Millevoye avoue : « Il est certain que j'ai appartenu au parti conservateur, mais il est non moins certain que j'appartiens au parti républicain national. » (*Exclamations et rires à gauche.*) (*J. Off.* 6 mars 86.)

N'insistons pas.

HAUTE-VIENNE

M. LE VEILLÉ (CANDIDAT DE RÉIMPORTATION)

En effet, dirigé d'abord sur Montargis avec viatique, lettre d'investiture et paquet d'affiches sous le bras, M. Le Veillé dut, par ordre, se réimporter sur Limoges désigné pour son *terminus*. D'où venait-il? Etait-il *républicain* boulangiste rallié ou d'origine, lui-même va nous le dire dans le *Rapide* du 5 oct. 89: « Socialiste, je l'étais, je le suis, j'appartiens à Paris à un comité politique. Voici le fac-simile de ma carte d'adhérent : *Comité républicain socialiste du XVIe arrondissement*. Président : de Serbrun, marchand de vin, 9, passage des Eaux. Secrétaire: Poujade, 7, rue des Belles-Feuilles. Socialiste. je ne pouvais soutenir aucun candidat sans le mandat impératif. M. Quinaud, candidat boulangiste de mon arrondissement, ne l'acceptait pas ; je l'ai combattu au profit d'un républicain m'offrant plus de garanties, M. de Bouteiller » (1).

Et M. Le Veillé ajoute : « Ma famille est peu riche » Mais, assez hésitant à Paris, il n'hésite plus à Limoges : « Le programme que le Comité me confie aujourd'hui se résume en ces mots : République, Revision, Constituante, Référendum, Mandat impératif. Si j'y manque, j'autorise le Comité qui me patronne à publier mon vote à l'*Officiel* et ma signature protestée comme signe de forfaiture à l'honneur.

« Sus à l'opportunisme déshonorant !

1. M. de Bouteiller obtint 371 voix sur 12.000 votants.

« Haut les cœurs pour la République nationale. »

Et ce candidat, qui a bifurqué sur la Haute-Vienne signe au 2e tour pour tous les goûts, pour concentrer au *maximum* les *honnêtes gens* : *Socialiste, boulangiste, anticésarien*.

Il explique son dernier adjectif : « La territorialisation de l'armée peut parer à cet inconvénient de laisser un seul homme chef du pouvoir exécutif. » (*Rapide*, 28 septembre 1889.) Cela veut-il dire : *suppression de l'Armée active*, le territorialisateur garde son secret, mais plus loin il avoue : « Je n'ai pas la prétention, à 28 ans, de posséder la science politique infuse. » En fait on va voir que peu de sujets sont étrangers à sa modestie.

Marine, armée, tabacs, questions ouvrières, judiciaires, postes et télégraphes, pharmacies coopératives, etc.

Dès le 23 décembre 89, il dépose des propositions sur les tabacs ordinaires. En 90, 14 juin, sur la situation des députés en cas de guerre ; 3 juillet, sur une Commission d'enquête de 23 membres pour rechercher les causes de l'état de notre marine et proposer les mesures nécessaires pour y remédier ; 8 juillet, sur les syndicats professionnels des professions libérales ; 30 décembre, sur des modifications à la loi des patentes ; 9 mars 91, sur l'état militaire des gardes d'artillerie, adjoints du génie, officiers d'administrations, interprètes archivistes d'état major, etc.

Dans la discussion sur le *travail des femmes*, ce socialiste transigeant dit, aux applaudissements de la droite : « Vous n'avez pas le droit de permettre aux patrons de faire travailler les ouvriers le dimanche pour les empêcher d'aller à la messe. » (*J. Off.*, 3 février 91.)

C'est aussi un interpellateur : en 91, sur une circulaire du directeur des Postes et Télégraphes, interpellation retirée ; en 92, sur les entraves apportées à la fondation par les Sociétés coopératives de pharmacies coopératives, enfin sur le cumul de fonctions et de traitements du procureur de la République de Limoges. M. Gotteron, député tout uniment *républicain* de la Haute-Vienne, répond au Socialiste boulangiste anticésarien, territorialisateur : « Il n'y a pas autre chose dans cette affaire qu'une œuvre de basse vengeance, l'assouvissement d'une rancune électorale. ». (*J. Off.*, 17 juin 1890.)

Et de fait, M. Le Veillé s'est abstenu dans le vote de l'affaire de Vicq et de Notre-Dame de l'Usine.

Tout en se prononçant, pour MM. d'Hulst, Gouthe-Soulard et pour le rappel des familles ayant régné sur la France.

Comme presque tous les **40**.

CONCLUEZ !

IMP. NOIZETTE, 8, RUE CAMPAGNE-PREMIÈRE, PARIS.

DÉPARTEMENTS	NOMS	10 février 1890 Proposition Cazenove de Pradines. *Abrogation* de la loi de 1886 interdisant le territoire de la République aux chefs des familles ayant régné sur la France. Pour 178; contre 320.	16 juin 1890 Proposition de Mackau. Sur le referendum municipal (un commencement du Referendum national. (V. p. 17). Pour 187; contre 312.	23 juin 1890 Affaire de Vicq. « La Chambre approuvant la conduite du Gouvernement et comptant sur sa fermeté pour l'application des lois scolaires, etc. Ordre du jour G. Dessaigne.	19 novembre 90 Ordre du jour Rivet. « La Chambre invite le Gouvernement à faire supprimer par les compagnies de chemins de fer les permis de circulation à tous les membres des congrégations n'appartenant pas à l'enseignement public.	11 et 12 déc. 91 Gouthe-Soulard. « La Chambre considérant que les manifestations récentes d'une partie du clergé peuvent compromettre la paix sociale et constituent une violation flagrante des droits de l'Etat, etc. Ordre du jour Rivet.	9 avril 1892 Question d'Hulst. « La Chambre confiante dans l'énergie du Gouvernement ordonne l'affichage du discours de M. le Ministre de la justice et des cultes dans toutes les communes de France. Ordre du jour Jourdan.	13 juin 1892. Interpellation sur N.-D. de l'Usine. « La Chambre confiante dans la fermeté avec laquelle le Gouvernement saura faire appliquer les lois existantes passe à l'ordre du jour. » Ordre du jour Hubbard. Pour 304; contre 149.
SNE	Castelin	Pour	Pour	Abstention	Abstention	Abstention	Abstention	Abstention
	Dumonteil	Pour	Pour	Abstention	Abstention	Abstention	Abstention	Abstention
LVADOS	Engerand	Pour	Pour	Abstention	En congé	Contre	Contre	Contre
ARENTE	Deroulède	Abstention	En congé	En congé	Abstention	Abstention	Abstention	Contre
RRÈZE	Borie	Pour	En congé	En congé	Abstention	Contre	Pour	Pour
RONDE	Aimel	Pour	Pour	Abstention	Pour	Contre	Abstention	Abstention
	Chiché	Pour	Pour	Abstention	Abstention	Contre	Abstention	Contre
	Jourde	Pour	Pour	Abstention	Pour	Contre	Abstention	Contre
	Robert Mitchell	Pour	Pour	Contre	Contre	Abstention	Contre	Abstention
E-ET-VILAINE	Le Hérissé	Pour	Contre	Abstention	Abstention	Contre	Pour	Abstention
RE-ET-LOIRE	Delahaye	Pour	Pour	Contre	Contre	Contre	Contre	Contre
URTHE-ET-MOSELLE	Gabriel	Pour	Pour	Abstention	Abstention	Contre	Abstention	Abstention
	Barrès	Pour	Pour	Abstention	Abstention	Contre	Abstention	Abstention
ÈVRE	Jaluzot	Pour	Pour	Abstention	Contre	Contre	Abstention	Abstention
	Laporte	Pour	Pour	Abstention	Abstention	Contre	Pour	Abstention
	Turigny	Pour	Pour	Abstention	Abstention	Contre	Pour	Abstention
RD	Lalou	Pour	Pour	Abstention	Contre	Pour	Abstention	Abstention
NE (PARIS)	Naquet	Invalidé	Pour	Abstention	Abstention	Contre	Pour	Abstention
	Mermeix	Pour	Pour	Abstention	En congé	Pour	Contre	Abstention
	Marius Martin	Pour	Pour	Contre	Contre	Contre	Contre	Contre
	Paulin Méry	Contre	Pour	Abstention	Pour	Contre	Pour	Abstention
	Laguerre	Pour	Pour	Abstention	Pour	Pour	Abstention	Abstention
	Farcy	Pour	Pour	En congé	Abstention	Contre	Abstention	Abstention
	Le Senne	Pour	Pour	Abstention	Abstention	Contre	Abstention	Abstention
	E. Roche	Abstention	Pour	Abstention	Pour	Contre	Abstention	Abstention
	Laisant	Pour	Pour	Abstention	Abstention	Contre	Abstention	Contre
	Saint-Martin	Pour	En congé	Abstention	Pour	Contre	Abstention	Abstention
	Martineau	Pour	En congé	En congé	Pour	Contre	Pour	Pour
	Granger	Abstention	Pour	Abstention	Pour	Contre	Abstention	Abstention
INE	Revest	Invalidé	Pour	En congé	Abstention	Contre	Abstention	Abstention
	Goussot	Invalidé	Pour	Abstention	En congé	Contre	Pour	Abstention
NLIEUE DE PARIS)	Laur	Invalidé	Pour	Abstention	Abstention	Contre	Abstention	Abstention
	Boudeau	Pour	Pour	Abstention	Abstention	Contre	Abstention	Abstention
	De Belleval	Invalidé	Pour	En congé	Abstention	Contre	Abstention	Abstention
	Richard	Pour	Pour	Abstention	Abstention	Contre	Abstention	Pour
INE-ET-OISE	Argeliès	Pour	En congé	Abstention	Abstention	Contre	Abstention	Abstention
	Gauthier de Clagny	Pour	Pour	Contre	Abstention	Contre	Abstention	Abstention
UX-SÈVRES	Pontois	Pour	Pour	Abstention	Abstention	Contre	Abstention	Abstention
MME	Millevoye	Abstention	En congé	En congé	Abstention	Abstention	En congé	Pour
UTE-VIENNE	Le Veillé	Pour	Pour	Abstention	Abstention	Contre	Pour	Abstention

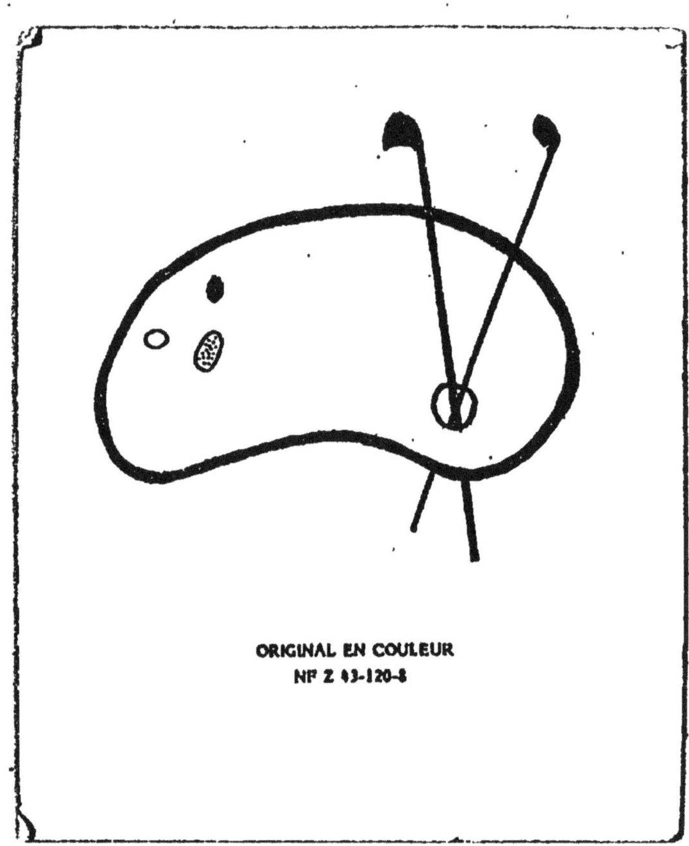
ORIGINAL EN COULEUR
NF Z 43-120-8

www.ingramcontent.com/pod-product-compliance
Lightning Source LLC
LaVergne TN
LVHW010039230826
846091LV00005B/1776

9782013265034